ARREST

DES INQUISITEURS,

ORDINAIRE, ET DÉPUTÉS

DE LA

Ste. INQUISITION,

CONTRE LE PERE

GABRIEL MALAGRIDA,

JESUITE;

Lû dans l'Acte public de Foi, célébré à Lisbonne le 20 Septembre 1761.

Traduit sur l'Imprimé Portugais.

A LISBONNE,

Chez ANTOINE RODRIGUES GALHARDO,
rue Saint Benoît.

——————————
1761.

INTRODUCTION.

POUR aider à la lecture des Ju-
gemens qui fuivent, on prévient
que conformément aux Loix & aux
Coutumes de Portugal, quand il
fe rencontre dans un même fujet
deux accufations, l'une, par exemple, de leze Majefté divine ; l'autre de leze Majefté humaine, ou de
deux délits moins atroces, mais dont
l'un eft contre la Religion, l'autre
contre la République, l'ufage inal-
térablement obfervé eft que le Tribunal de l'Inquifition ou Saint-Offi-
ce adreffe aux Tribunaux ou Magi-
ftrats féculiers des Lettres rogatoi-
res, par lefquelles il demande que
l'accufé lui foit livré, fous la claufe
expreffe de le reftituer aux prifons

d'où on l'auroit tiré , sitôt qu'il aura été jugé dans l'Inquisition sur l'accusation ou délit rélatif à la Réligion , dont la connoissance appartient par des Bulles des Pontifes , reconnues & approuvées par les Loix du Royaume , au Tribunal de l'Inquisition , privativement à toutes Jurisdictions séculieres quelconques.

Si l'accusé est condamné par l'Inquisition à peine extraordinaire , (c'est-à-dire toutes autres que la mort) sitôt que l'Inquisition en a fait faire l'exécution , elle restitue le sujet aux prisons séculieres , pour qu'il y subisse le jugement de l'accusation ou délit qui régarde la justice séculiere ; & en ce cas l'Inquisition n'envoye point avec l'accusé la Sentence qu'elle a rendue.

(5)

Mais si l'accusé a encouru à l'Inquisition la peine ordinaire (c'est-
à-dire la mort) comme l'Inquisition n'a point droit de haute justice qui n'appartient qu'au Souverain,
elle ne la prononce pas, mais elle
remet aux Juges séculiers le coupable avec la Sentence contre lui ,
qui porte qu'il reste dans l'hérésie
ou l'apostasie : alors le Tribunal
(competant) du Roi, qui est celui
qu'on nomme *Caza da Supplicaçam
& Relaçam*, sentencie & condamne
le coupable à ladite peine ordinaire (la mort par le feu) qui par les
Loix & Coutumes du Royaume est
décernée contre les hérétiques &
les apostats de la Foi Catholique.

Quelque atroces que fussent d'ailleurs les crimes du coupable, ap-
partenans à la vengeance de la Justice séculiere, (cas , par exemple de
A iij.

Gabriel Malagrida , attentateur à la
vle du Roi) c'eſt le jour même que le
coupable eſt livré par l'Inquiſition ,
que la *Caza da Supplicaçam & Relaçam* rend ſon Arrêt , afin que l'exécution à mort ne ſouffre point de de-
lai dans une cauſe , qui attaquant
la Majeſté divine , adjuge à ſa vengeance la préférence ſur le corps du
coupable , & d'ailleurs abſorbe ou
ne laiſſe , pour ainſi dire , plus appercevoir les delits temporels , quelque énormes qu'ils ſoient.

ARREST

DES INQUISITEURS,

ORDINAIRE, ET DÉPUTÉS

DE LA SAINTE INQUISITION,

CONTRE LE PERE

GABRIEL MALAGRIDA,

JESUITE,

Lû dans l'Acte public de Foi, célébré à Lisbonne le 20 Septembre 1761.

Traduit sur l'Imprimé Portugais.

ARRÊTENT les Inquisiteurs, Ordinaire, & Députés de la sainte Inquisition : vû les Actes, Griefs, Déclarations, Réponses, & Rétractations du Pere Gabriel Malagrida, Religieux de la Compagnie qu'on nomme de Jesus, natif du bourg de Menajo, Evêché de Côme dans le Duché de Milan, demeurant dans cette Ville, accusé prisonnier, ci-présent.

Lequel étant Chrétien baptisé, Prêtre,

Confesseur, Théologien & Missionnaire,
est obligé à croire & professer la foi catholique, prêchée par les saints Apôtres, & les
Disciples de notre Seigneur Jesus-Christ,
& enseignée par la sainte Mere Eglise Catholique Romaine, regle infaillible des véritables dogmes contre laquelle l'Enfer &
ses ministres ne pourront jamais prévaloir ;
à éviter & fuir les nouveautés opposées à
l'Evangile, à enseigner, prêcher, défendre,
& écrire une doctrine saine & catholique,
sans interprêter à son gré & contre les préceptes de cette Eglise, & les sentimens des
saints Peres, les passages de l'Ecriture ; à
procurer l'union des Catholiques dans la
charité parfaite, & l'obéissance dûe aux véritables & légitimes Supérieurs, au lieu d'ex-
citer des séditions enfantées par l'esprit infernal de l'orgueil & de la discorde, & enfin à imiter les fidéles de la Religion chrétien-
ne, qui sont arrivés à la perfection par le
chemin de l'humilité, des souffrances, &
de la grande patience recommandée si fort
dans les saintes Ecritures, par Jesus-Christ
même, véritablement Dieu, fait Homme
pour se charger de nos fautes, & nous ouvrir les portes de l'éternité bienheureuse,
nous traçant sur-tout, les grands exemples,
& les signes auxquels nous devons discerner
les véritables serviteurs, d'avec les hypo-

crites & les faux prophétes : (S. Matt. ch. 7.)
*Attendite à falsis prophetis , qui veniunt ad
vos in vestimentis ovium , intrinsecus autem
sunt lupi rapaces : à fructibus cognoscetis eos.*
Defiez-vous des faux prophétes, qui viennent à vous sous la figure de brebis , mais
en dedans sont des loups ravissans ; vous les
reconnoîtrez par leurs œuvres.

Cet accusé contre l'obligation de se conformer aux conseils & aux préceptes de l'E-
vangile , & d'écouter Jesus-Christ par la
voix de son Eglise & de ses Ministres, ainsi
que dans l'oubli des devoirs d'un véritable
Religieux , a prêté l'oreille à l'esprit qui ne
cherche que la perdition des ames.

Rempli d'ambition & d'orgueil, pour se
faire croire supérieur à tous en vertus, il a
osé feindre des miracles, des révélations,
des visions, des entretiens & d'autres faveurs célestes, que Dieu n'accorde qu'à des
serviteurs véritables, & qui, comme dit saint
Paul , (*Chap. 2. Ep. aux Ephes.*) bâtissent
sur la doctrine & le fondement des Apôtres ,
& des vrais Prophétes , dont Jesus-Christ est
la pierre angulaire : *in quo omnis edificatio
ecnstructa crescit in templum sanctum in Domino :* dans lequel tout édifice construit croît
dans le saint temple du Seigneur.

Parvenu en effet à force d'hypocrisie &
de maneges les plus rafinés , à passer pour

saint & prophète aux yeux des gens qui n'ap-
percevoient pas les fondemens sur lesquels
il appuyoit son édifice, il n'est devenu rien
moins qu'un monstre d'iniquité : à la place
des sommes immenses, que sous le prétexte
de la piété & le voile de l'imposture, il a
extorqué des peuples, il ne leur a fourni que
le poison terrible dont son cœur étoit rempli, celui des discordes & des dissentions,
qu'il n'a point craint de répandre & de fo-
menter en prophétisant les funestes évene-
mens, dont la trame criminelle lui étoit
bien connue, & qui ne se sont manifestés
que trop affreusement.

Pour conserver la réputation de sainteté
qu'il avoit usurpée, il a voulu persuader qu'il
avoit révélation de châtimens à venir, il a
fait des fictions, & les a exposées parmi une
doctrine jusqu'alors inouie, semée de propositions, ou offençantes, ou téméraires,
ou séditieuses, ou impies, ou erronées, ou
hérétiques, ou même blasphématoires; il n'a
pas proféré seulement ces odieuses propositions, il les a mises par écrit, il les a soute-
nues, défendues avec opiniâtreté devant le
Tribunal du saint Office, comme lui ayant
été dictées par Dieu notre souverain Maître,
par la sainte Vierge, par les Saints & les
Anges du Ciel, qui, dit-il, lui parloient
comme tour à tour, & s'entretenoient avec

lui ; il se persuadoit follement , que ces
moyens étoient aussi les plus propres à le
tirer lui-même des liens des Tribunaux , &
à rétablir sa Compagnie, dont il vouloit que
la proscription causa dans le Royaume une
calamité & une consternation générale.

Le Tribunal du Saint Office a été informé de tous ces délits , & de plus il lui a été
remis deux ouvrages écrits de la main de
l'accusé , intitulés , l'un *Vie héroïque & admirable de la glorieuse sainte Anne , mere de la
très-sainte Vierge Marie, dictée par la Sainte
même , avec l'assistance , l'approbation & le
concours de cette Souveraine , & de son très-
Saint Fils* , composé en Portugais : & l'autre en Latin , *De la vie & de l'Empire de
l'Ante-Christ* , tous deux représentés dans le
Saint Office à l'accusé , qui les a reconnus.

L'examen de ces deux ouvrages a fait voir
qu'ils contiennent, entre autres propositions,
les suivantes: Que sainte Anne avoit été san-
ctifiée dans le ventre de sa mere , ainsi que
la sainte Vierge Marie l'avoit été dans celui
de sainte Anne : Que le privilége de sancti-
fication dans le ventre de la mere , n'avoit
été accordé qu'à sainte Anne & à Marie sa
fille : Que sainte Anne dans le ventre de sa
mere , entendoit , connoissoit , aimoit , &
servoit Dieu , comme le faisoient tant d'autres Saints élevés à la gloire : Que sainte

Anne dans le ventre de sa mere pleuroit, &
faisoit pleurer de compassion les Chérubins
& les Séraphins qui l'assistoient : Que sainte Anne étant encore dans le ventre de sa
mere, avoit fait ses vœux, & que pour ne
scandaliser aucune des trois Personnes divines, elle avoit par une affectueuse attention
fait vœu de pauvreté au Pere Eternel, d'o-
béissance au Fils Eternel, & de chasteté à
l'Esprit-Saint : Que sainte Anne avoit été
la créature la plus innocente qui fut sortie
des mains de Dieu ; Qu'elle paroissoit n'a-
voir pas péché en Adam, & qu'elle avoit
embrassé l'état du mariage pour être plus
chaste, plus pure, plus vierge, plus innocente : Que sainte Anne pendant qu'elle
vivoit, prioit en faveur de tous les Chœurs
glorieux des Anges, afin que Dieu les assis-
tât & les secourût, & afin qu'ils fussent plus
fervents à servir & louer sa divine Majesté ;
Que Jesus-Christ n'avoit point trouvé de
termes suffisans pour nous faire comprendre
la grandeur dès dons qu'il avoit accordés à
sainte Anne : Que les soupirs de la même
Sainte, étoient venus au point d'allumer de
nouvelles & d'extraordinaires flammes d'a-
mour dans le cœur de Dieu : Qu'il est plus
facile d'étendre & de communiquer la vertu
& la sainteté que le vice : Que quoiqu'Adam
eut bien vécu, & même sans péché mortel,

il a pourtant toujours été un pauvre servi-
teur, très-foible, très-ignorant : Que lui
accusé, a entendu parler clairement & dis-
tinctement les trois Personnes de la Trinité,
soit le Pere, soit le Fils, soit le Saint-Esprit
en différentes apparitions : Que la famille
de sainte Anne, outre les maîtres & quelques petits enfans, consistoit en vingt esclaves, douze hommes & huit femmes : Que
saint Jacques étoit maçon, qu'il demeuroit
à Jerusalem avec sainte Anne, & que celle-
ci étoit la femme forte dont Salomon avoit
parlé : Que ce Roi Prophéte s'étoit trompé,
puisque cette femme si heureuse étoit née
de son sang & parmi son peuple : Que
sainte Anne avoit fait dans Jerusalem une
maison de recueillement pour cinquante-
trois filles ; que pour l'achever les Anges s'é-
toient déguisés en charpentiers, & que pour
son entretien, l'une d'elles nommée Marthe
achetoit du poisson, qu'elle revendoit dans
la ville avec profit : Que parmi ces filles re-
cueillies, quelques-unes se sont mariées
uniquement pour obéir à Dieu, qui de toute
éternité avoit déterminé que ces heureuses
filles élevées avec soin par sainte Anne, fussent meres de Saints, de Saintes, d'Apôtres, & de Disciples de Jesus-Christ : Qu'une
avoit épousé Nicodême, une autre saint
Matthieu, une autre Joseph d'Arimathie,

& que d'une autre étoit issu saint Lin , successeur de saint Pierre : Que Jesus-Christ prend différentes figures , & fait différens rôles avec le petit nombre de ceux qu'il éleve à la plus haute contemplation , & qu'il accorde un & plusieurs Directeurs du Ciel aux ames qui désirent la perfection.

Il avance & soutient encore dans son ouvrage , que la Vierge Marie lui a enseigné la doctrine suivante : Que les ames des mondains, ou de ceux qui se contentent d'observer les Commandemens , ne sont tentées que par le Démon : Que celles qui aspirent à la perfection , & que Dieu veut spécialement élever à la contemplation passive , le démon les tente aussi dans les commencemens ; mais qu'après qu'elles ont tenu une bonne conduite , le Ciel leur fait entendre qu'il y a réellement dans l'Eglise une nouvelle profession qui est la haute contemplation des mystères divins , & la prérogative des révélations des choses cachées depuis la création du monde : Qu'alors Dieu & la Vierge s'en chargent & les mettent dans des situations si inexpliquables , si obscures , & dans des tentations si grandes , qu'elles ne sçavent plus de quel côté se tourner : Que le démon se retire pour toujours des ames arrivées à cet état , sans qu'elles cessent de sentir des attaques & des combats bien vifs, au point d'y voir des diables, même les plus sales & les plus malins, armés de mensonges, de piéges, de prophanations, pressans, deshonnêtes : Que cependant ces tentateurs ne font pas des démons, mais des Saints, même les plus élevés dans la gloire, des Anges purs, qui par l'amour qu'ils ont pour ces ames, n'ont pas honte, & se font au contraire un plaisir, de jouer le rôle de tentateurs & de démons, pour achever de les gagner à la gloire, & leur faire remplir plus vîte la mesure de mortifications, & de résistances à laquelle Dieu même les a taxés pour les admettre à la communication de ses secrets.

C'est encore commé inspite prétendu qu'il a mis par écrit ces autres propositions : Que la nature divine est distincte entre les personnes : Que la sainte Vierge Marie a proferé dans le ventre de sa mere ces paroles : *Consolare, mater mea amantissima, quia invenisti gratiam apud Dominum : ecce concipies & paries filiam, & vocabitur nomen ejus Maria, & requiescet super eam Spiritus Domini, & obumbrabit, & concipiet in ea, & ex ea Filium Altissimi qui salvum faciet populum suum : Consolez-vous, ma très-chere Mere, car vous avez trouvé grace devant le Seigneur : vous concevrez & mettrez au monde une fille, & son nom sera Marie, & l'Esprit du Seigneur*

reposera sur elle , & la couvrira de son ombre ;
& il concevra en elle & d'elle le Fils du très-
Haut qui sauvera son peuple. Il affirme avec
serment dans son livre, que ceci lui avoit
été révélé par la Vierge même, & en mê-
me-tems, que ce premier trait ou ces paroles
miraculeuses avoient été férées dans le Para-
dis pendant huit jours.

Il affirme aussi, que Dieu lui avoit dit de
n'avoir aucun doute d'élever la Vierge jusqu'à l'excès & au delà, *usque ad excessum &*
ultra, & de ne pas craindre d'employer à
son égard, & de lui appliquer les attributs
de Dieu, même l'immensité, l'infinité, l'é-
ternité, la toute puissance : Que le sacré
corps de Jesus-Christ avoit été formé d'une
goutte de sang du cœur de la sainte Vierge,
qu'il s'étoit augmenté peu à peu par le moyen
des alimens de la Mere, jusqu'à parfaite or-
ganisation , & à être capable de recevoir
une ame ; mais que la Divinité & la person-
nalité du Verbe , s'étoient déja unies à cette
goutte de sang, dans le même instant qu'elle
avoit passé du cœur au ventre pur de la
Vierge : Que les trois Personnes divines a-
voient tenu plusieurs fois conseil sur le titre
& le rang qu'il faudroit donner à Ste Anne, &
qu'elles étoient convenues de lui en donner
de supérieurs à ceux des Anges & des Saints :
Que la Cité Sainte représentée à l'Evangeliste

lifte & Difciple chéri , quand il dit : *Vidi civitatem fanctam Jerufalem novam defcendentem de Cælo , ficut fponfam ornatam viro fuo* ; J'ai vû la cité fainte , la nouvelle Jerufalem defcendre du Ciel comme une Epoufe embellie par la préfence de fon Epoux ; ne doit paffer que pour un vil monftre en comparaifon de l'ame de fainte Anne : Que fainte Anne avoit une fœur nommée Baptiftine, & que celle-ci lui avoit révélé ; que la Vierge étoit encore avec fes pere & mere, quand l'Archange Raphael lui annonça qu'elle feroit mere de Dieu, & que la Vierge en s'humiliant, avoit démandé au Pere Eternel de n'être qu'une pauvre & vile efclave, mais que ne pouvant l'obtenir, & devant être mere de Dieu, elle étoit tombée par terre dans une défaillance dont l'Ange fe trouva fort embarraffé : Qu'il la releva avec refpect, & s'efforça de la déterminer à accepter cette dignité ; & que le feftin préparé par les Anges & les Archanges, fut fufpendu jufqu'au confentement de la Vierge : Qu'après l'Incarnation du Verbe, la Vierge époufa faint Jofeph ; fainte Anne étant alors âgée de cinquante ans : Que la Vierge Marie demeuroit à Jerufalem, lorfqu'elle perdit de vûe fon Fils qui s'étoit éloigné d'elle pour aller affifter à la mort de fainte Anne, & qu'on retrouva dans le temple au bout de trois jours.   B

Il affirma que la Vierge Marie lui ordon-
nant d'écrire la vie de l'Ante-Christ, lui
avoit dit, que lui accusé étoit un autre
Jean après Jean, mais beaucoup plus clair
& plus fécond. Dans cet ouvrage, il avance comme inspiré, qu'il y aura trois Ante-
Chrifts, le Pere, le Fils & le petit-Fils : Que
c'est ainsi qu'il faut entendre les Ecritures ;
que le dernier naîtra à Milan d'un Moine &
d'une Religieuse, l'an 1920, & qu'il épou-
fera Proserpine, l'une des furies infernales :
Que l'Ante-Christ fera baptisé par fa mere,
que le Démon qui en croira être le pere, ne
fera informé de ce baptême que par un aveu
imprudent de fa mere : Que le feul nom de
Marie fans œuvres a été le falut de quelques
créatures : Que la mere de l'Ante-Christ fera fauvée pour porter ce nom-là, & en con-
fidération du Couvent où elle aura été Religieuse : Que les Religieux de fa Compagnie fonderont à Jesus-Christ un nouvel
Empire parmi les Nations nouvelles, &
nombreufes d'Indiens qu'ils découvriront :
Qu'un Religieux tiéde & imparfait vaut
mieux qu'un Séculier fervent & parfait :
Que perfonne n'est né pour exercer néces-
fairement tel ou tel emploi, foit dans le
gouvernement ecclésiaftique, foit dans le
politique.

Dans cet ouvrage de l'Ante-Christ, il dit

encore, que dans la nuit du vingt-neuf No-
vémbre de l'année derniere, il avoit entendu les paroles suivantes : *Hâc nocte, hâc
nocte, id est ; brevi & inopinato intentu, de
medio tollemus Principem tam iniquæ criminationis cum adjutoribus & adulatoribus suis ;*
Cette nuit, dans cette nuit, c'est-à-dire, tout-
à-l'heure, nous ferons périr de mort subite
le Chef d'une si injuste accusation avec ses
complices & ses flateurs. Au moyen de ces
propositions & de plusieurs autres injurieu-
ses à plusieurs personnes, & semblables à
celles des hérésiarques les plus depravés,
l'accusé a prétendu faire passer pour divines
ses révélations, pour orthodoxes ses propositions, pour saintes ses actions ; il les a opi-
niâtrément défendues comme telles, malgré les remontrances charitables des Ministres de l'Eglise.

Sur ces griefs l'accusé ayant été conduit
dans les prisons du Saint Office, il a dit
avec un orgueil & une présomption bien
éloignés de l'esprit de Dieu, qu'il n'avoit
point de fautes à confesser ; qu'il étoit arrivé
à l'Inquisition sans qu'il sçût où l'on le menoit avec tant de précaution & de secret ;
mais que Dieu lui avoit dit qu'il étoit dans
le Saint Office, que le jour suivant il seroit
appellé devant un Tribunal compétent, &
qu'alors au moment où il seroit nécessaire,

cesseroient les maux de tête & d'entrailles
que lui avoit causé l'air de la nuit pendant laquelle on l'avoit transféré ; qu'en
effet cela lui étoit arrivé : Qu'il déclaroit que
sçachant que le Roi ôtoit les missions aux
Religieux de la Compagnie au préjudice des
Barbares convertis, & à convertir, il avoit
craint quelque grand malheur pour la personne de sa Majesté, quoiqu'il fût certain
qu'elle agissoit sans mauvaise volonté :
Qu'étant envoyé à Sétuval, & ayant pitié de
ce Royaume, il avoit recouru à Dieu priant
pour la personne du Roi & le bien de ses
Etats ; Que le cœur lui avoit dit alors de
chercher des moyens d'avertir sa Majesté du
danger imminent qui la menaçoit ; que s'y
voyant obligé en conscience, il avoit fait
toutes les diligences pour la prévenir, &
que n'y ayant pu parvenir il s'étoit mis à
faire des pénitences & des oraisons publiques & particulieres, qui ont été entendues
au Tribunal divin, & pour lesquels Dieu
avoit moderé le châtiment du Roi, ainsi
qu'il a été révélé à lui déclarant : Qu'après
avoir été arrêté ensuite injustement comme
chef de la conjuration, il avoit commencé
à écrire par ordre de Dieu même, & de notre Dame, la vie de sainte Anne, & un autre ouvrage qui traite de la vie & de l'empire de l'Ante-Christ, qu'on les lui avoit saisis,

& qu'il sçavoit que pour en être l'auteur il étoit prisonnier dans l'Inquisition comme un hypocrite, qui feignoit des révélations, & des vertus qu'il n'avoit pas.

Il a déclaré de plus, qu'il y avoit un an que le Seigneur lui avoit dit, qu'il n'étoit pas satisfait des injustices que lui déclarant souffroit, qu'il en auroit encore davantage à souffrir pour se conformer à Jesus - Christ son modéle, qu'il seroit traduit au Saint Office, chargé de calomnies, & qu'interrogé s'il étoit prêt à l'imiter, &, lui déclarant, hésitant de se donner pour convaincu pour ne pas discréditer son Ordre, il lui avoit été répondu, (toujours d'en-haut) qu'il auroit la douleur de s'en voir séparé, (cas dans lequel il se trouvoit en effet:) Que dans les prisons où il se trouvoit, J. C. le faisoit souvenir de ce qu'il lui avoit déclaré : Qu'en présence du Tribunal même où il étoit il avoit la connoissance du passé : Qu'on lui disoit aussi d'en haut, *ab alto*, qu'il n'y avoit déja plus de Jesuites en Portugal, d'où ils étoient bannis par une Sentence répandue par toute la terre, ce qui lui faisoit beaucoup de peine ; Que les voix qu'il entendoit ne laissoient pas de lui faire quelque peur : c'est pourquoi & dans la crainte des illusions, il se soumettoit à l'Eglise.

Quelque tems après l'accusé demanda au-

dience ; il y dit , que Dieu lui avoit commandé d'expofer les raifons qu'il avoit de
croire fes révélations véritables , il les expo-
fa donc ainfi : 1°. Que ces révélations ne
contenoient rien contre la foi, ni le fentiment commun de l'Eglife & des faints Peres :
2°. Qu'elles étoient accompagnées d'une
vie paffée dans l'oraifon & la pratique des
vertus : Que dans le commencement il avoit
fait deux heures d'oraifon, enfuite quatre ,
à préfent huit , par ordre de Dieu même,
fous la direction du vénérable Pere Segnery :
3°. Qu'il menoit une vie pénitente & mor-
tifiée , ne mangeant , ni viande , ni œufs ,
ni poiffons, ne buvant pas de vin ; que Dieu
lui avoit permis d'abord une petite quantité
de vin ; mais que depuis il la lui avoit reti-
rée ; qu'il lui avoit auffi enjoint de ne prendre que la moitié de fa portion de pain , &
de laiffer l'autre pour les pauvres : 4°. Que
le pere Segnery lui avoit dit qu'il n'étoit pas
poffible que Dieu oubliât tant de travaux
que, lui déclarant, avoit fupportés , & tant
de fervices rendus à la Majefté divine : Il a
affirmé que Dieu le comparoît à faint François Xavier ; que c'étoit avec beaucoup de
peine qu'il le difoit , mais que Dieu le lui
avoit ordonné en lui déclarant qu'il l'avoit
choifi pour fon envoyé , fon Apôtre & fon
Prophéte : 5°. Que les révélations , vifions

& entretiens, lui donnoient un grand défir
de fouffrir & de mourir pour Dieu, & l'en-
flammoient d'amour pour ce fouverain être
à qui il étoit déja habituellement uni : 6°.
Que Dieu le faifoit participant de fa doctrine
admirable, & que la fainte Vierge daignoit
lui dire, qu'elle l'avoit pris pour fon Fils au
défir de J. C. & de toute la fainte Trinité :
7°. Qu'il avoit un grand défir de fecourir les
ames du Purgatoire, ainfi qu'il lui avoit été
commandé d'en-haut, & tellement qu'il lui
étoit quelquefois ordonné de réciter quaran-
te Rofaires, à l'effet de quoi il paffoit plu-
fieurs nuits fans dormir plus d'une ou deux
heures, ce qui étoit naturellement impoffi-
ble : Que le Seigneur lui avoit dit, que fa
vie étoit un miracle continuel, & l'œuvre
de fa toute-puiffance.

Par toutes ces raifons, & par ce que Dieu
lui avoit fait connoître, & que d'ailleurs,
l'Archange Raphael & fon Ange gardien
l'avoient tranfporté au-delà d'un marais de
quatre cens palmes de largeur, il affirmoit
que fes révelations, fans aucun doute, étoient
divines, ajoutant que dans l'inftant même
de cette déclaration, Dieu lui difoit fenfi-
blement, *Hæc funt figna Apoftolatûs & legationis tuæ, quæ quidem figna fuperabun-
dantia funt ad probandum intentum fcilicet
te effe legatum à me fpecialiter delectum ad*

manifestandam voluntatem meam tam Barbaris quam Catholicis ; quod si forte apud Judices tuos , ministros meos non reputentur sufficientia , descendes ad narranda majora miracula. Ce sont là les signes de ton apostolat & de ta mission , ils sont surabondans pour prouver que je t'ai spécialement choisi pour manifester ma volonté , tant aux Barbares qu'aux Catholiques ; que si tes Juges , qui sont mes Ministres , ne les trouvent pas suffisans , tu raconteras des miracles plus grands encore.

L'accusé ayant eu lieu de connoître que le Ministre qui l'interrogeoit , étoit en effet fort loin d'ajouter la moindre foi à rien de ce qu'il avoit exposé , recourut au récit de ses prétendus miracles , & dit : Qu'au Brésil , un vaisseau dont la plus forte amarre s'étoit cassée , étant par là en danger , toutes les personnes qui y étoient embarquées se jetterent à ses pieds , le suppliant qu'il demandât à Notre-Dame des Missions , de les délivrer de l'extrême danger où elles se trouvoient , qu'il la pria en effet , & que tout fut sauvé ; Que sur la barre de Lisbonne , il avoit fait un miracle semblable ; Que dans la maladie de la Reine Douairiere , Dona Marianne d'Autriche , son esprit de charité l'avoit obligé à déclarer à cette Princesse , qu'elle

mourroit , quoique les Médecins lui assu-
rassent qu'elle vivroit , ou qu'elle se trouveroit mieux ; Que sa prophétie s'étoit
vérifiée ; Que par ses prieres , plusieurs personnes avoient été délivrées du danger de
leurs maladies , plusieurs familles de la
stérilité qui les privoit de succession ; qu'une
de ces dernieres , après avoir obtenu le
bienfait sur la promesse de payer en ses
mains à Notre-Dame des Missions 600
mille reis (3800 liv. tournois) pour n'en
avoir payé que 200 mille , avoit éprouvé
la différence de l'influence & du pouvoir
du déclarant , par une maladie qui tint
l'enfant obtenu ; en danger , tant qu'on fut
en arriere des 400 mille reis restants , &
par le retour de sa santé , aussi-tôt qu'on
eut accompli la promesse , en achevant de
lui payer la somme ; Qu'un Ministre en
faisant une semblable offrande dans les
mains du déclarant , en obtint un fils ,
suivant ses désirs , quoiqu'il fut déja tellement avancé en âge , que les indévôts
ne craignirent point de dire qu'il n'en étoit
pas le pere.

L'accusé charitablement averti de reconnoître & d'avouer ses fautes , pour ne
pas s'attirer les châtimens éternels , réser-
vés à ceux qui au mépris de la Loi de
Dieu & à force d'hypocrisie ne sollicitent

que l'estime du monde, de mettre à profit le peu de temps qui lui restoit encore, la mort, vû son âge, n'étant pas fort éloignée, a répondu qu'il n'étoit pas un hypocrite, qu'il n'employoit ni la feinte ni les simulations, & qu'il invoquoit Dieu & ses foudres pour qu'il en soit écrasé, si sa vie étoit hypocrisie ; qu'il reconnoissoit le Tribunal où il étoit pour un Tribunal de l'Eglise à laquelle il soumettoit ses écrits & tous ses papiers ; parce qu'il avoit toujours cru en l'Eglise, qu'il avoit souvent offert sa vie pour elle, & qu'il vouloit mourir dans son sein : il affirma de plus, avec serment, avoir parlé plusieurs fois avec saint Ignace, saint François de Borgia, saint Bonaventure, saint Philippe de Neri, saint Charles Borromée, sainte Therese & plusieurs autres Saints, avec le Pere Segnery & plusieurs morts, entr'autres un Religieux de sa Compagnie, qui lui étoit venu rendre graces de l'avoir délivré des peines du Purgatoire, où il avoit été détenu, pour avoir gardé dans sa chambre, avec la permission de ses Supérieurs, différentes bagatelles qu'il avoit destinées à la Bibliothèque : Qu'il demandoit, pour éviter l'infamie à son Ordre, qu'on vérifiât les fondations qu'il avoit faites du produit des sommes, joyaux & bijoux donnés par les fidéles de l'Amérique, en reconnoiſſance des graces & des miracles que leur avoit faits Notre-Dame des Miſſions, laquelle avoit dit ſeulement & pluſieurs fois à lui déclarant que, comme véritable fondatrice, elle le prenoit ſous ſa protection, pour l'aider dans toutes ſes entrepriſes.

Il dit encore, que Dieu lui ordonnoit de montrer au Tribunal du Saint Office, qu'il n'étoit pas un hypocrite comme le diſoient les ennemis de ſon Ordre, dont il ſçavoit par révélation divine, que quelques-uns étoient morts depuis peu de jours ; Qu'en conſéquence, il déclaroit qu'ayant entendu un grand bruit vers le minuit, il avoit demandé au Geolier ce qu'il y avoit de nouveau, & quel avoit été ce bruit : à quoi ce Geolier lui avoit répondu, que ce pouvoit être quelques coups de cloches qu'on a coutume de ſonner aux Carmes, quand quelque femme eſt ſur le point d'accoucher ; que cependant il avoit continué d'entendre le même bruit, & qu'alors il lui avoit été dit *d'en-haut*, que c'étoit pour la mort du Roi, ce qui lui avoit été réitéré de nouveau, deux jours après, & dans un moment où les cloches ſonnoient & les canons tiroient ; Que ſi lui Inquiſiteur, qui l'interrogeoit, eut réflé-

chi fur le paffé , & fur la requête qu'il lui
avoit faite , il auroit connu que le zéle
du falut du Roi à qui il vouloit que la
vérité qui forroit de lui , fut manifeftée par
le Tribunal de l'Inquifition , afin que Sa
Majefté put éviter un péril imminent , avoit
été l'unique motif qui lui avoit fait demander qu'on abrégeât & qu'on accélérât
la fin de fon affaire.

Tout ce bruit de cloches & de canons,
avoit été occafionné par la mort du Mar-
quis de Tancos , Commandant des trou-
pes de Lisbonne & de la Province d'Ef-
tramadoure ; mais l'accufé l'avoit pris pour
des fignes de la mort du Roi , & fans aucun autre fondement , il bâtit la fiction
d'une révélation de la mort du Roi.

L'accufé , au lieu de profiter des remontrances réitérées & charitables qu'on lui
faifoit de laiffer les fictions , & de s'occu-
per à confeffer les fautes qu'il avoit commi-
fes du reffort du Saint Office , en vint à
dire qu'il étoit abfous par Notre Seigneur
Jefus-Chrift , & de toutes fautes & de toutes peines ; Qu'il ne comprenoit pas pourquoi on ne fe rendoit pas à la vérité qui
forroit de lui , & à fes déclarations avec ferment , tandis qu'on ajoutoit foi aux révélations de quelques fervantes de Dieu,
qui n'avoient ni tant fouffert ni rendu de

ſi grands ſervices que lui, entr'autres la
vénérable Marie de Jeſus d'Agreda ; Que
dans la nuit avant cette déclaration, il avoit
eu, lui accuſé, une viſion intellectuelle
des peines que ſouffroit l'ame de Sa Majeſté, qu'il avoit entendu les reproches que
faiſoient à cette ame quelques ames dévo-
tes, dans les termes rapportés par lui déclarant, pour les perſécutions que Sa Majeſté avoit faites aux Jéſuites : Que les perſonnes qui ont concouru à l'expulſion de
ſon Ordre, éprouveront ces châtimens &
autres ſemblables ; & qu'il n'y avoit point
à ſe méprendre dans ces choſes - ci,
parce qu'elles étoient communiquées à un
homme à qui la ſainte Vierge, par un privilége ſpécial, donnoit tous les jours l'ab-
ſolution dans la forme ſuivante : *Dominus
noſter Jeſus Chriſtus Filius meus te abſolvat ;
& ego auctoritate ipſius te abſolvo ab omnibus
peccatis tuis & pœnis in nomine Patris, &
Filii , & Spiritûs ſancti ;* Que notre Seigneur
Jeſus-Chriſt mon Fils t'abſolve ; moi par ſon
authorité je t'abſous de tous tes péchés & peines au nom du Pere , & du Fils , & du ſaint
Eſprit.

Il a dit de plus, en éclatant par des jure-
mens d'affirmation & d'exécration contre
lui-même & contre ſon propre ſalut éternel, que ſes révélations étoient veritables,

& qu'il avoit écrit la vie de sainte Anne, & le traité de l'empire de l'Ante-Christ, annonçant des châtimens par ordre de Dieu même, qui lui avoit dit sensible-ment ces propres paroles : *Nisi hæc scrip-seris non habebis partem mecum in Regno meo, projiciam te à facie mea. Si tu n'é-cris ces choses, tu n'auras point part avec moi à mon Royaume, & je te rejetterai de devant moi ;* Qu'il reconnoissoit qu'une Tragédie qu'il avoit composée, où Esther, Mardochée & Aman, faisoient les princi-paux rôles, étoit une prophétie de ce qui devoit arriver en Portugal, aux persécu-teurs de sa Compagnie, dont quelques-uns étoient déja morts, d'autres seront châtiés ; & qu'elle seroit dans peu rétablie dans son ancienne splendeur, comme s'il lui étoit dit d'en-haut. Il a encore affirmé contre la charité & le respect dû aux Sou-verains, que les paroles qui suivent en deux vers, lui avoient aussi été révelées ; *Impie Rex, bini tantùm tua tempora menses, Longa sed ad pœnas tempora virgo dabit. Roi impie, tu n'as plus que deux mois à vivre, mais la Vierge te réserve de longs temps à souffrir,* & il a ajouté qu'il pensoit que Dieu lui permettroit de déclarer ce qu'il sçavoit de l'état de l'ame du feu Roi,

Il a déclaré de plus, que la Marquise

de Tavora lui avoit apparu plusieur fois, que l'ayant réprimandée d'avoir concouru à un attentat impie & sacrilége, contre la promesse qu'elle lui avoit faite de ne point offenser Dieu mortellement ; ladite Marquise lui avoit répondu, que l'origine de son malheur venoit du maudit & injuste interdit des Peres de la Compagnie, parce que ne les ayant plus pour Confesseurs, elle s'étoit relâchée du ferme propos qu'elle avoit fait pendant ses exercices chez eux, d'approcher tous les huit jours des Sacremens, qu'elle avoit été ainsi abandonnée, d'accord avec son mari, à l'exécution de son crime ; mais qu'elle étoit dans le Purgatoire, soulagée des peines par les suffrages que lui déclarant avoir faits pour elle.

L'accusé fut de nouveau averti & pressé de renoncer à l'hypocrisie & à l'imposture, puisque les révélations dont il se croyoit armé, ne pouvoient obtenir aucune foi ; qu'elles étoient, indépendamment de leur fausseté évidente, opposées à toutes les régles de la vie mystique, dénuées de charité & d'humilité, & ne laissant appercevoir que l'orgueil, la colere & le fiel contre plusieurs, & contre le Souverain même, vivant encore, à la grande satisfaction de ses fidéles Sujets ;

on le fit alors fouvenir que l'Epître de faint Paul aux Romains, recommande de dire du bien de celui, qui dans la réalité nous perfécute : *Benedicite perfequentibus vos, benedicite & nolite maledicere*, & qu'il auroit dû marcher fur les traces des faints Apôtres, qui dans la prédication de l'E-vangile ne cherchoient ni les biens tem-porels, ni l'eftime du monde.

Il répondit qu'il avoit déclaré la vérité comme il la fentoit, & que s'il avoit menti, il vouloit que la terre s'ouvrît pour l'engloutir à l'inftant, ou que de la place où il étoit, il fut précipité dans les En-fers : Que fi c'étoient des illufions, il les déteftoit, fe reconnoiffant un miférable pécheur : Qu'il craignoit feulement que les véritables vifions ne fuffent mêlées d'illu-fions, parce que le temps lui avoit fait connoître, que le Démon transformé en Ange de lumiere, mêloit beaucoup de tromperies ; mais que depuis un certain tems, qu'il étoit élevé à la contempla-tion paffive, il diftinguoit mieux les vé-ritables vifions des fauffes : Que les Apô-tres n'avoient point fait de fondations, mais qu'ils recevoient des aumônes pour l'entretien des Difciples & des pauvres ; que quant à lui, il employoit à fonder des Séminaires, les bijoux & les aumônes

qu'on

qu'on lui donnoit ; que dans *la Baye* &
dans l'intérieur des terres , il avoit d'a-
bord ramassé environ 12000 croizades
(30. mille liv. tournois) dont il avoit
acheté un palais , & qu'ensuite il avoit
obtenu le surplus qu'il falloit pour achever
la fondation : Qu'il avoit fait à *Camuta*
l'acquisition de quatre-vingts esclaves , &
de beaucoup de terre ; mais que le Gou-
verneur avoit mis des obstacles à cet éta-
blissement , ayant exigé que lui déclarant
fixa le nombre des éleves , & expliqua
si les Jésuites les recevoient & les entretenoient , articles dont ledit accusé n'avoit
pas voulu convenir : Que la fondation de
Setuval avançoit , au moyen de la vente
qu'il avoit faite après la mort de la Reine
Douairiere , de quantité de bijoux, dont
le produit se remettoit aux Peres Procu-
reurs , avec la permission des Supérieurs.

L'accusé ayant par la suite demandé audience , dit qu'il venoit incité *d'en-haut*
déclarer qu'il avoit écrit la vie de sainte
Anne , ou continuée la sienne, composée
par le conseil de son Confesseur & compagnon , qui , persuadé que Dieu parloit à
lui déclarant , avoit non-seulement con-
senti qu'il écrivit , mais même le lui avoit
enjoint , après qu'il auroit consulté quelques sçavants de son Ordre ; ceux-ci con-

vinrent qu'il falloit modérer quelques termes qui blessoient le respect dû à Sa
Majesté.

Qu'il lui paroissoit que la conclusion de
toutes ces déclarations le disculpoit ar-
demment d'hypocrisie, qui ne recherche
que les louanges des hommes: Qu'il servoit Dieu *In spiritu & veritate, en esprit
& en vérité* : Que si lui déclarant s'étoit
défendu au Tribunal de l'Inquisition, c'é-
toit par l'obligation de décharger son Ordre, que la sainte Vierge protégera & aug-
mentera, comme elle le lui a révélé par
ces paroles : *Inimici erimus inimicis ejus,
Nous serons ennemis de ses ennemis,* en
une occasion, où elle lui déclara dans sa
prison qu'elle suspendroit les châtimens,
& qu'elle feroit prospérer ce Royaume,
si la Famille Royale vouloit pratiquer les
exercices, que lui accusé avoit coutume
d'enseigner : Qu'il ne parloit pas davantage des faveurs que Dieu lui faisoit, se
rappellant ces paroles : *Sacramenta Regis
abscondere bonum est, Il est bon de cacher
les sermens des Rois.*

L'accusé continuant à feindre, sans écouter ce qu'on lui disoit pour son avantage,
il fut averti & repris sur sa témérité, à
prétendre qu'on ajouta foi au récit de ses
miracles, visions & révélations, sans se

(35)

souvenir des paroles ci-dessus rapportées
de l'Evangile selon saint Matthieu, chap. 7.
ni de la recommandation de l'Evangeliste
saint Jean, Epître 1. chap. 3. *Charissimi,
nolite omni spiritui credere ; sed probate
spiritus si ex Deo sunt ;* Mes chers freres,
ne croyez point à toute inspiration ; mais
examinez si les inspirations viennent de
Dieu, & tandis qu'il ne parloit que de
ses vertus, il éclatoit en colere, manquoit
à la vérité sans égard à ces autres paroles
de la même Epître : *Qui diligit fratrem
suum in lumine manet, & scandalum in eo
non est, ... qui dicit in lumine esse &
fratrem suum odit in tenebris est usque adhuc, ... qui autem odit fratrem suum in
tenebris est & in tenebris ambulat, & nescit
quo eat, quia tenebræ obscuraverunt oculos
ejus.* Celui qui aime son frere habite dans
la lumiere, & ne scandalise point : Celui qui
dit être dans la lumiere & hait son frere, est
dans les ténébres jusqu'à présent . . . quant
à celui qui hait son frere ; il est dans les
ténébres, & il marche dans les ténébres, &
il ne sçait où il va, parce que les ténébres
ont obscurci ses yeux. Passages de l'Ecriture
Sainte qu'on lui a rapportés & cités.

L'accusé revenant toujours à dire que
ses révélations & ses prophéties venoient
d'un esprit bon, qu'elles n'étoient point

contraires à l'Ecriture ; que sa haine étoit sainte & bien réglée ; que le Saint-Esprit donnoit aux Princes un avertissement par ces paroles : *Omnes tiranni ejus ridiculi cotam eo. Potentes potenter tormenta patientur.* Tous les tirans font des monstres devant lui ; les Grands feront grandement tourmentés. On lui opposa ces paroles du Deuteronome chap. 18. *Quod nomine Domini propheta ille prædixerit & non evenerit, hæc Dominus non est locutus, sed per tumorem animi sui propheta confinxit, & idcirco non timebis eum :* Ce que ce Prophéte aura prédit au nom du Seigneur, & qui ne fera point arrivé, le Seigneur ne l'a point dit, mais foyez fûr qu'il a feint le Prophéte par l'orgueil de fon efprit, & pour cela ne le craignez point : à quoi il répliqua qu'on prenoit un tems pour un autre.

On continua les avertissemens & les remontrances à l'accufé, il perfifta dans fon obftination : en expliquant fon fentiment fur le Purgatoire, il dit que l'Eglife nous ordonne d'écrire qu'il y a l'Enfer, lo Purgatoire, les Limbes, où vont les enfans morts fans Baptême, & le fein d'Abraham où ont été les ames des faints Peres, mais qu'elle ne dit rien des particularités de ces lieux-là ; que Dieu les lui avoit déclarés , & qu'entr'autres nouvelles doctrines , il lui avoit révélé qu'il y a dans le Purgatoire un endroit, où les ames étoient gardées jusqu'à ce qu'on leur eut prononcé leur sentence finale.

Il se plaignit qu'on lui citât des passages de l'Ecriture , concernant les faux Prophétes & les hypocrites ; en disant que Jesus-Christ avoit souffert de semblables injures ; on le reprit pour ne pas observer les préceptes de Jesus - Christ , ne pas suivre la doctrine de l'Apôtre saint Pierre , Epître 1. chap. 2. *Omnes honorate , fraternitatem diligite , Deum timete , Regem honorificate. Honorez tout le monde : aimez vos freres, craignez Dieu , respectez le Roi ,* & avoir au contraire recherché les avantages de ce monde , contre le précepte qu'on lui avoit déja cité de saint Jean , chap. 7. il répliqua qu'il avoit toujours cherché uniquement la gloire de Jesus-Christ, & que c'étoit dans cette vue qu'il avoit composé les écrits dont il avoit parlé.

Par de telles & autres semblables réponses, l'accusé continua à défendre comme véritables ses révélations, ses prophéties, ses propositions ; ce qui donna lieu de l'avertir de nouveau, qu'il se souvint de la grace que Dieu lui faisoit de lui conser-ver la vie , pour qu'il eut le tems de reconnoître & détester ses énormes péchés : le résultat de ces salutaires avis fut de demander pourquoi on l'appelloit *sépulchre blanchi*, assurant qu'on ne pouvoit sçavoir ce qu'il avoit dans le cœur ou dans son intérieur. On lui répondit que faisant abstraction des preuves légales, le Saint Office n'étoit que trop fondé à le traiter de la sorte, d'autant qu'on lit dans l'Evangile selon saint Mathieu chap. 15. *Quæ autem procedunt de ore de corde exeunt, & ea coinquinant hominem.... De corde enim exeunt cogitationes malæ, homicidia, adulteria, fornicationes, furta, falsa testimonia, blasphemia, &c... Ce qui part de la bouche vient du cœur & souille l'homme..... Car du cœur viennent les mauvaises pensées, les homicides, les adulteres, la fornication, les vols, les faux témoignages, les blasphêmes.*

Il ajouta qu'il avoit fait les déclarations portées en son procès, parce que, sur sa foi, il disoit la vérité, & que s'il ne l'eut pas dit, il auroit menti contre le saint Esprit, qu'à l'égard du texte de l'Evangéliste il avouoit que tout mal se trouvoit en lui déclarant, mais que tout ce mal étoit intérieur, qu'il falloit distinguer entre les méchancetés qui viennent du cœur & qui restent dans le cœur, ce qui suffit pour fouiller l'ame , & les méchancetés qui viennent du cœur & paſſent à l'action extérieure & devenant viſibles aux hommes, font ſujettes aux châtimens.

Le Tribunal du Saint Office étant auſſi informé que ſouvent l'accuſé croyant n'être vû de perſonne dans les priſons de l'Inquiſition , & pendant les heures du repos , ſe fatiguoit par ces mouvemens déſhonnêtes & honteux qu'on ne peut nommer, & par des actes tels que le priſonnier qui habitoit avec lui, en étant horriblement ſcandaliſé, demanda, pour prévenir la perte de ſon ame à laquelle l'expoſoit la compagnie de l'accuſé, la grace qu'on l'en ſéparât. L'accuſé fut à cette occaſion charitablement averti que le Démon le ruinoit de toutes parts, & ſérieuſement exhorté encore de dépouiller l'hypocriſie pour ne travailler qu'à l'aveu & à la correction de ſes fautes, dont la nature & les circonſtances préc pitoient irrémédiablement ſa damnation.

Il répondit qu'en effet le Démon l'avoit tenté dans tous les genres de fautes juſqu'à prétendre coucher avec lui ſous la figure d'une femme, que pourtant il avoit ceſſé depuis deux mois de le tenter ſur les objets du ſixieme Commandement du Décalogue , que quelquefois par des mouvemens, que

C iv

Dieu permettoit, il avoit senti, lui accusé, le commencement de ces effets natu-
rels qui ont coutume d'arriver dans les
occasions de semblables mouvemens quand
ils sont volontaires & près de consommer
la turpitude.

Dans une autre audience que l'accusé
demanda, il dit qu'il venoit détruire la
présomption qu'il y avoit contre lui : Qu'il
n'avoit jamais rien fait dans sa vie pour
être loué des hommes, & passer pour un
Saint, qu'au contraire il avoit toujours
suivi le conseil de Jesus-Christ qui nous
recommande de ne faire jamais de bonnes
œuvres pour être loué ; que tout le bien
qu'il avoit fait, il l'avoit toujours fait dans
la vûe de plaire à Dieu, qu'il le juroit de
nouveau avec serment d'affirmation & d'exécration ; qu'il ne sçavoir pas comment on
lui avoit imputé tant de choses qu'il n'avoit
jamais ni faites ni pensées ; qu'il n'étoit pas
vraisemblable qu'un homme, susceptible
de semblables fautes, embrassât un genre
de vie comme celui que lui déclarant avoit
entrepris, courir au loin pour la conversion des ames, s'enfoncer chez des barbares, marcher continuellement dans les dan-
gers ; que plusieurs fois on l'avoit tiré à
coups de fléches, qu'une autre on l'avoit
dépouillé pour le tuer, qu'il avoit été con-

damné à être décapité ; perils dont Dieu l'a-
voit fait avertir tandis qu'il dormoit , en ces
propres paroles : *Surge , commenda te Deo ,
nescis enim quanto in periculo versaris: Leve-*
*, recommande-toi , à Dieu, car tu ne sçais
us le grand péril où tu es :* affirmant & ju-
rant que s'il mentoit en cette déclaration ,
la terre s'ouvrît pour le laisser tomber en enfer : il réitéra ce serment & l'appliqua à
tout ce qu'il avoit déclaré au Saint Office.

Il ajouta qu'il étoit Théologien & Missionnaire Apostolique, qu'il avoit enseigné
dans son Ordre, qu'il avoit un peu étudié
de la vie mystique, c'est pourquoi il étoit
en état d'assurer que les choses qu'il avoit
déclarées venoient de l'Esprit bon, quoiqu'il avouât que le Démon avec ses illusions, & même l'esprit propre s'y mêlassent
quelquefois.

On lui dit que les fruits de l'Esprit bon
sont la charité, la paix, la patience, la
continence, la douceur & les autres bonnes
qualités dont l'Apôtre parle dans *l'Ep. aux
Galates ch.* 5. où il expose aussi quels sont
les fruits de la chair, ainsi que lui accusé
pouvoit le voir dans les paroles qu'on lui
avoit citées, & que ces fruits & ces œuvres
de la chair se trouvoient en lui comme on
le lui avoit montré dans les différens examens & avertissemens qu'on lui avoit fait

pour le détourner de la perte où il couroit se précipiter.

Il répondit qu'il s'avouoit rempli de vices comme on le lui donnoit à entendre, & qu'il disoit avec Saint Paul : *Christus venit in mundum ut redimeret peccatores, quorum primus ego sum, sed idcirco elegit me Dominus ut ostenderet in me omnes divitias misericordia & patientia sua. Le Christ est venu au monde pour racheter les pécheurs dont je suis le premier, c'est pourquoi le Seigneur m'a choisi pour montrer en moi tous les trésors de sa miséricorde & de sa patience.*

Il déclara aussi que la sainte Vierge dans ce matin même, l'avoit absout à haute voix, lui répétant trois fois *filius meus, mon fils*, & lui recommandant de tranquiliser son esprit & chasser ses inquiétudes, parce que ni Elle ni son Fils ne permettroient pas au Démon de feindre un Sacrement de si haute considération, & que les mêmes paroles étoient répétées dans la forme d'absolution, depuis que lui Inquisiteur lui avoit dit que les choses dont lui déclarant avoit rendu compte, étoient des piéges du Démon.

On recommanda à l'accusé de ne pas ajouter foi à de tels entretiens, à de telles voix, s'il étoit vrai qu'il les entendît, parce que c'étoit la voix du Démon, à qui il de-

voit réfifter en s'affermiffant dans la Foi ,
comme le recommande le Prince des Apôtres, ch. 5. de fa premiére Epître.

Il répondit qu'il avoit toujours taché de
fuivre faint Pierre , & que fi les paroles
qu'on lui citoit étoient de faint Pierre , les
fuivantes étoient de faint Paul : *Prophetias
nolite contemnere* : *Ne méprifez point les
prophéties* ; qu'il faifoit tout fon poffible
pour endurer avec patience & avec joie les
maux qu'il plaifoit au Seigneur de permet-
tre qu'on lui fît , & à fon Ordre. Ainfi l'accufé fourd à la raifon, à la vérité , à l'évi-
dence , docile uniquement au monde , à
la chair , au démon , avançoit toujours vers
l'abîme.

Lorfqu'on lui eut fait fçavoir que fes
écrits avoient été vûs par des hommes fça-
vans , même dans la Théologie myftique,
& qu'ils contenoient beaucoup de propofitions mal fonantes , téméraires , fcandaleu-
fes , erronées , hérétiques , oppofées aux
textes de l'Ecriture Sainte , & que confé-
quemment les révélations qu'il produifoit
dans ces mêmes écrits , ne pouvoient procéder de l'Efprit bon. Il répondit que lefdits ouvrages étoient divins , quant à la
fubftance ; que s'il y avoit quelques erreurs,
elles n'étoient nullement effentielles , &
que d'ailleurs fon compagnon les avoient

corrigées dans une copie qu'il avoit tirée ;
& qu'il avoit cachée ou envoyée hors de
la prison où ils étoient tous deux ; & que lui
déclarant étoit tombé dans ces erreurs, par la
vîtesse avec laquelle on lui dictoit (d'en
haut) & pour n'avoir pas demandé plus de
lumiere, ou une plus grande clarté ; que les
propositions sur lesquelles il étoit exami-
né & repris, ne méritoient pas la censure
qu'on leur donnoit, & que les argumens
par lesquels on combattoit, & ses propositions, & la vérité de ses révélations, n'é-
toient que des flèches de paille ; qu'il répondoit suffisament aux textes de l'Ecriture, les entendant selon la doctrine qui
lui étoit enseignée d'en-haut : mais que s'il
y en avoit quelqu'une jugée hérétique, il
la retractoit comme il l'avoit déja dit au
Tribunal du Saint Office, à qui il demandoit qu'on expédiât sa cause, & qu'on lui
infligeât la peine qu'on voudroit ; qu'on
prît garde pourtant, que si l'on cherchoit un
accusé c'étoit lui ; mais que si l'on vouloit
un coupable, on ne le trouveroit point en
lui ; parce que les propositions arguées ne
contenoient rien contre la foi, ou devoient
s'entendre dans un sens tropologique à l'i-
mitation de ces paroles de Dieu, *Pænitet
me fecisse hominem.... fractus sum dolore cordis. Je me repens d'avoir fait l'homme.... j'ai*

le cœur brisé de douleur, & de cette expref-
fion de J. C. qui appelle faint Pierre Satan, *Vade retro, Satana, fcandalum enim es
mihi; Retire-toi, Satan, car tu es pour moi
un fcandale :* Dieu n'étant pas un fujet au
repentir, & faint Pierre n'étant pas démon, & encore moins le prince des démons.

L'accufé dit de plus avoir écrit, que la
vertu fe contractoit avec plus de facilité
que le vice ; parce que le Saint Efprit l'a
enfeigné par ces paroles, *Cum Sancto fanctus
eris ; vous ferez faint avec les Saints*, parce que les Saints qui ont toutes les vertus
in ftatu heroïco, dans un degré éminent, ne
courent pas de rifque ; tellement que fi
l'on commettoit un acte charnel contre le
fixiéme Commandement du Décalogue en
préfence d'un homme qui paffe pour un
Saint, l'obligation de déclarer que le péché a été commis devant quelque perfonne,
n'auroit pas lieu ici, parce qu'il n'y a point
de fcandale ou de ruine du prochain : ce
qui a coutume d'arriver quand la faute fe
commet devant des perfonnes ordinaires :
Que les expreffions, qui dans fon écrit attri-
buoient à Dieu plus d'une Majefté, plus
d'une nature, devoient fe prendre *in fano
fenfu & non materialiter; dans le fens ortho-
doxe & non materiellement :* raifon pour-

quoi il falloit entendre qu'elles regardoient
notre S. J. C. dont l'ame après la mort s'é-
toit séparée du corps , auquel la Divinité
restoit unie , & pouvoit aussi bien s'unir à
une goutte de sang du cœur de la Vierge
pendant le tems de l'Incarnation du Verbe ,
sans que l'ame fut unie au même corps. A
l'égard de quelques autres propositions , c'est
ainsi qu'il expliquoit son sentiment ; il dit
que le texte où Salomon parle de la femme
forte , avoit été appliqué par quelques-uns
à Notre-Dame , par d'autres à l'Eglise ; que
lui déclarant l'appliquoit à sainte Anne ,
suivant qu'il lui avoit été révélé en même
tems qu'il lui fut dit , que cette sainte prioit
en faveur des cœurs des Anges , & qu'elle
éclatoit en desirs affectueux , considerant la
bonté infinie de Dieu , les Adorations qu'on
lui doit , &c. mais que s'il blessoit la foi en
quelque chose , il se soumettoit au Saint
Office seulement à l'extérieur ; car pour
qu'il se retractât , il falloit lui donner des
raisons qui lui parussent meilleures que celles qu'il entendoit *d'en-haut*, quand on lui
expliquoit l'Apocalypse , dont il donnoit
une explication meilleure que toutes celles
des commentateurs de la même Apocalypse ; il conclut qu'il n'étoit point obligé
de déclarer sa pensée , parce que l'Eglise ne
juge pas de l'intérieur , & ne pouvoit l'obli-

ger à dire, s'il avoit fait ses actions pour
être loué des hommes, ou pour une autre
fin.

Il déclara que la proposition ou doctrine
de son écrit dans lequelle il disoit, que les
démons quittent les ames élevées à l'état
de la contemplation passive, ou haute contemplation ; & que ce sont les Anges qui les
tentent alors, n'étoit point opposée à la
foi, puisqu'elle se prouve par l'Ecriture-
même, dans ces paroles du Saint Esprit,
*Tentat vos Dominus utrum diligatis eum an
non ; Le Seigneur vous tente pour voir si vous
l'aimez ou si vous ne l'aimez pas* : & dans
un autre endroit, *Tentabit eos Dominus &
probabit eos ; Le Seigneur les tentera & les
éprouvera.* Mais que si cette expression paroissoit mauvaise, il étoit prêt à la modérer, à la réformer. Quant aux mouvemens
dont il a été parlé ci-dessus, il dit qu'ils lui
avoient causé dans le commencement une
grande affliction, parce qu'ils lui sem-
bloient procéder du Démon ; mais qu'on
lui avoit dit d'en-haut que le péché n'y
étoit point, parce qu'ils étoient un effet
naturel d'une agitation à laquelle il n'avoit
point de part, & que même il y avoit autant de mérite que dans l'oraison : on lui
dit que les textes qu'il alléguoit ne se devoient pas prendre dans le sens où il les

prenoit, parce que Dieu ne nous éprouve pas par de semblables moyens , quoiqu'il permette que nous soyons tentés par le Démon auquel nous devons résister , & on lui rappella ces paroles de saint Jacques chap. 1 , de l'Ep. *Nemo cùm tentatur dicat quoniam à Deo tentatur, Deus enim intentator malorum est : ipse enim neminem tentat. Unusquisque verò tentatur à concupiscentia sua.* Que personne ne dise quand il est tenté que Dieu le tente ; car Dieu menace les méchants , mais ne tente personne ; chacun est tenté par sa propre concupiscence.

Il a dit que l'ame dont il a parlé, est celle à qui la moindre bagatelle paroît un grand objet , & qu'on ôtât de son ouvrage les mots, obscenités & turpitudes, s'ils ne paroissoient pas bien : mais que ses révélations étoient semblables à celles que plusieurs saintes ames ont eues ; & qu'il n'y avoit pas de raison, pour que les unes fussent approuvées par l'Eglise, & les autres ne le fussent pas, ayant, lui déclarant, au-dessus des autres, le mérite d'avoir abandonné pere & mere, observé les Commandemens de Dieu & ceux de l'Eglise, & tant travaillé ; ce qu'il déclaroit, ainsi que les bonnes œuvres qu'il avoit faites, parce que cela étoit nécessaire pour la conversion des pécheurs, qui ne se convertissent pas quand

ils

ils n'ont pas bonne opinion du Missionnaire ; & qu'en cela il observoit le Commandement du Seigneur dans ces paroles de l'Evangile : *Luceat lux vestra coram hominibus , ut videant opera vestra bona , & glorificent Patrem vestrum qui in cælis est :* Que votre lumiere brille aux yeux des hommes , afin qu'ils voyent vos bonnes œuvres , & qu'ils glorifient votre Pere qui est aux Cieux ; paroles qu'il employoit encore , pour réponse à ce passage de saint Luc chap. 17 ; qui lui avoit été cité : *Cùm feceritis omnia quæ præcepta sunt vobis, dicite: Servi inutiles sumus, quod debuimus facere fecimus ;* Quand vous aurez accompli tout ce qui vous est ordonné, dites : Nous sommes des serviteurs inutiles , nous n'avons fait que ce que nous avons dû faire.

Il dit que jusqu'au tems de sa révélation, il avoit cru que la Vierge Marie avoit conçu le Verbe Divin après son mariage avec saint Joseph , mais que le contraire lui avoit été révélé ; & qu'il pensoit que l'Incarnation du Verbe étoit antérieur à ce mariage ; que les paroles de l'Evangile de saint Matthieu chap. 1 , loin d'y être opposées , favorisent au contraire son sentiment & sa nouvelle doctrine. Au passage qu'on lui citat de l'Evangile selon saint Luc, chap. 1. *Missus est Gabriel Angelus à Deo in civi-*

*thtem..... cui nomen Nazareth , ad Virginem
desponsatam viro , cui nomen erat Joseph ,
de domo David , & nomen Virginis Maria :* L'Ange Gabriel fut envoyé de Dieu dans
la ville de Nazareth , à une Vierge mariée
avec un homme appellé Joseph de la maison de David, & le nom de la Vierge est
Marie ; il répondit que Marie avoit conçu
après le message de l'Ange , mais que ce
n'étoit pas le même message numérique-
ment, dont parle saint Luc, parce que la
Vierge lui avoit dit à lui accusé , qu'elle
en avoit déja reçu une vingtaine : ce que le
dit accusé confirma avec son serment ordinaire d'exécration, dont on ne pouvoit le
faire abstenir. Sur ce qu'on lui dit de ne
point ajouter foi à des doctrines nouvelles ,
comme le recommande l'Apôtre dans l'E-
pître aux Hébreux , chap. 13 : *Doctrinis
variis & peregrinis nolite abduci : Ne vous
laissez point entraîner à des doctrines différentes & étrangeres :* il repliqua que J. C.
dit aussi, *Multa habeo vobis dicere quæ non
potestis portare modo: J'ai beaucoup de choses
à vous dire que vous ne pouvez pas comprendre présentement.*

Il avança que la Vierge demeuroit à Jé-
rusalem dans le tems que N. S. J. C. avoit
quitté sa compagnie, & qu'il fut trouvé
dans le Temple : à l'égard du texte de

ſaint Mathieu chap. 2 , qui lui avoit été cité , il dit que Jéruſalem ſe prend pour la ville , ſes fauxbourgs & ſon territoite , comme Lisbonne comprend toute ſa circonférence ; que les Evangeliſtes diſent que la Vierge pendant quelque tems n'a pas demeuré à Jéruſalem , mais que lui déclarant ne s'oppoſoit pas à ce qu'on rectifiât ce qu'il y auroit de moins juſte dans ſon ouvrage , quoique ſes révélations ne fuſſent en rien contraires à l'Evangile ; d'autant qu'il n'eſt pas poſſible que J. C. fût dans le Temple avec les Docteurs , & préſent en même tems à la mort de ſainte Anne , & que comme les Docteurs varioient entr'eux , il pourroit bien auſſi lui déclarant , varier & interpreter les paſſages de l'Ecriture , étant Théologien.

C'étoit envain qn'on prenoit tous les ſoins poſſibles pour faire naître le répentir dans le cœur de l'accuſé : endurci par une longue habitude il ne profitoit de rien ; ſon obſtination augmentoit tous les jours , & ſe proportionnoit à ſon orgueil : on le reprit de la trop haute opinion qu'il avoit de lui-même , de ſes vertus , de ſa ſcience , de ſa littérature ; on lui rappella cet endroit des Proverbes, chap. 10. *Sapientes abſcondunt ſcientiam , os autem ſtulti confuſioni proximum eſt : Les ſages cachent leur ſcièce*

ce , & ceux qui parlent follement font bien
près de la confufion. On finit de le reprimandeur par ces paroles de l'Apôtre faint Jude ;
*Væ illis quia in via Cain abierunt , & errore Balaam mercede effufi funt... Hi funt nubes fine aquâ quæ à ventis circumferuntur....
fluctus maris defpumantes fuas confufiones,&c.*
Malheur à ceux qui marchent dans la voye
de Caïn , & qui comme Balaam fe laiffent
corrompre par les préfens dont ils font avides :
femblables à des nuages fans eaux agités par
les vents , & à des flots écumans , ils vomiffent leur rage & leur confufion.

Il y répondit qu'il pouvoit alléguer beaucoup de textes oppofés à ceux qu'on lui citoit , & qu'il n'étoit pas raifonnable de fe
donner pour convaincu , fans rappeller ce
que J. C. avoit dit de faint Pierre & même des Juifs & des Pharifiens ; mais qu'il
y avoit un tems de publier , & un tems de
faire ce que Dieu lui avoit ordonné.

Quelque tems après l'accufé ayant été
appellé , entendu & admonefté , dit que
felon lui les révélations dont il avoit rendu compte, étoient conformes aux régles de
la vie myftique, affurant qu'encore qu'elles
fuffent contre les fentimens des Catholiques , elles n'étoient pas contre celui de
l'Eglife , & qu'avant d'entreprendre la vie
de l'Ante-Chrift, il avoit cru qu'il n'y en

auroit qu'un , appuyé fur les écritures, le fentiment des Peres, qui nous difent qu'Elie & Henoc, & quelques autres font vivans, aufli bien que faint Jean Evangélifte, pour venir à la fin du monde défendre la foi & combattre l'Ante-Chrift ; mais que depuis fa révélation, il croyoit qu'il y en auroit trois, n'étant pas poffible qu'un feul affujétiffe & ruine le monde entier : raifon qui le perfuadoit que le premier commencera l'Empire , le fecond l'étendra, & fera les ravages affreux dont il eft fait mention dans l'Ecriture & dans l'Apocalypfe , dont les SS. PP. n'ont pas donné une explication aufli convenable ni aufli bonne que la fienne. Saint Paul , lui dit-on alors, ordonne dans l'Ep. aux Gal. ch. 1. d'anathématifer ceux qui difent le contraire de ce qui eft dans les Ecritures, & que l'Eglife enfeigne. On peut bien, a-t-il répondu, dire dans un certain fens moral , qu'il n'y aura qu'un Ante-Chrift , parce que le fils & le petit-fils agiront en vertu du premier & comme fes inftrumens , mais dans la réalité il y aura trois Ante-Chrifts.

Il dit de plus que quoiqu'il eut abandonné fa patrie pour l'amour de Dieu, il ne lui avoit point perdu l'affection naturelle, & qu'il n'avoit aucun intérêt à la diffamer , en la faifant le lieu de la naiffance d'un monſtre tel que l'Ante-Chriſt ; ainſi il ne pouvoit croire que ce ne fut pas une révélation, quand il a écrit que ce fleau du monde naîtroit dans la ville de Milan , & qu'il a rapporté les qualités de ſa mere ; que s'il y avoit quelque faute dans l'ouvrage de l'Ante-Chriſt , ce n'étoit qu'à l'égard des années, & à cauſe de la précipitation avec laquelle il avoit écrit : Que l'Egliſe défendoit de déterminer de ſon propre mouvement des choſes ſi cachées, mais qu'elle ne le défendoit pas quand la communication en venoit de Dieu même comme à lui déclarant , qui avoit reçu une grande intelligence de l'Apocalypſe néceſſaire pour la compoſition de ſon ouvrage. Il ajouta que quand même il ſeroit un hypocrite petri de vices, & voudroit néanmoins paroître rempli de vertus comme on l'en accuſoit , ſon hypocriſie n'en ſeroit que plus propre à ſon état de Miſſionnaire.

Telles, & tant d'autres de même valeur étoient ſes réponſes, la plûpart injurieuſes à l'état religieux , ſur-tout aux Communautés & aux perſonnes du ſexe.

Le voyant toujours opiniâtre, on le mit à portée de conſulter, ſur ſes révélations & ſur ſes écrits, des perſonnes ſçavantes, avec leſquelles il pût ſe détromper véritablement ; mais ce fut envain : loin de ſe vouloir rétracter, il enfanta deux nouvelles propofitions erronées, fçavoir que pour éviter quelque grand mal au prochain, ou lui faire quelque grand bien, il étoit permis de mentir : qu'il y avoit un lieu mitoyen entre le Ciel & l'enfer où vont les adultes des pays barbares, tels que les Anttropophages de l'Amérique, chez lefquels lui déclarant avoit été, parce qu'il n'eft pas poffible que Dieu condamnât au feu éternel, des barbares qui n'avoient pas une raifon, une connoiffance, une lumiere parfaite.

Il affura que n'ayant pas voulu accepter l'abfolution de la Vierge, fur ce que les Prêtres avec lefquels il avoit conféré, lui avoient dit que c'étoient des chofes diaboliques ; J. C. étoit venu l'abfoudre en ces termes : *Ego Dominus tuus qui creavi te, & redemi te in fanguine meo, te abfolvo ab omnibus peccatis tuis & pœnis, in nomine Patris, & Filii & Spiritûs Sancti :* Moi le Seigneur ton Dieu qui t'ai créé & racheté de mon fang, je t'abfous de tous tes péchés & des peines, au nom du Pere, & du Fils, & du Saint Efprit ; à l'effet de détromper lefdits Prêtres & les tirer de tout doute à l'égard de l'abfolution donnée par la Vierge munie d'un pouvoir, non pas feulement délégué, mais ordinaire & beaucoup au - deffus de celui du Pape.

Cette obstination de l'accusé à se croire, à l'exemple de Pharisiens, fort supérieur à tous en vertus & en science, sans vouloir réfléchir à ce qu'on lui disoit pour son avantage, ni considérer, comme il devoit, la parole de J. C. qu'on lui citoit, engagea à faire examiner par des témoins *ex officio*, *d'office*, s'il n'étoit point en démence ; leurs réponses constaterent qu'il avoit son bon sens & le jugement sain, indépendamment de ce que sa présence d'esprit se faisoit bien voir, quand il répondoit devant le Tribunal du Saint Office aux questions & aux examens réitérés qu'on lui faisoit.

C'est pourquoi le Promoteur fiscal du Saint Office se présenta avec sa Requête contre l'accusé, laquelle fut appointée, en tant que de besoin, & l'accusé pour sa défense s'en étant référé aux dits & aux déclarations portés dans son procès, & n'y ayant rien ajouté il en fut pris acte. L'accusé ayant dit après par son Procureur, qu'il ne tenoit déja plus pour véritables ses révélations & ses prophéties, & qu'il se retractoit parce qu'il vouloit s'en tenir à ce que déterminent les saintes Ecritures, le decret du Saint Siége Apostolique, & à ce que déclareroit le Saint Office, avouant les avoir tenues pour véritables, par illusion & tentation du démon ou par ignorance, il fut appellé au

Tribunal : interrogé fur la matiere de fa ré-
tractation pour vérifier fi elle étoit faite
avec fincérité.

Il répondit qu'il croyoit fes propofitions
catholiques ; qu'il les avoit retractées, parce que fon Avocat lui avoit dit qu'elles
étoient reconnues & jugées hérétiques : ce
qu'il faifoit encore en cas que cela fut ainfi , ou qu'on lui fit voir qu'elles avoient
cette qualification , ce qu'on n'avoit pas
fait jufqu'alors ; concluant qu'il devoit tout
au plus être jugé hérétique materiel fans
qu'il y ait de fa faute : car il avoit fait avec
pénitence & oraifon les diligences que Dieu
& fon Eglife ordonnent, pour obtenir la
lumiere que Dieu même s'eft engagé de
donner dans l'Epitre Canonique de faint
Jacques : *Si quis indiget fapientiâ , poftu-
let à me , & dabo ei affluenter : Si quelqu'un a
befoin de fcience, qu'il m'en demande , je lui
en donnerai abondamment ;* & qu'il n'étoit
pas encore détrompé.

Les chofes étant ainfi , après les ratifica-
tions & réitération des preuves de Juftice ,
on lui fit lecture de fes dits , felon la forme
du droit & le ftile du Saint Office , à quoi
n'ayant point contredit il en fut pris acte.

Afin que l'accufé fe répentît , & méritât
d'être reçu & uni au fein de l'Eglife notre
Sainte Mere , & ne perdit pas fon ame en

mourant dans les erreurs dans lesquelles
il étoit obstiné & endurci, & avec les mauvaises habitudes qu'il avoit contractées, &
d'où venoient autant que de sa malice les
actes lascifs & les turpitudes qu'il commettoit sur lui-même; horreurs qui n'étoient
que trop constatées au Tribunal du Saint
Office par la déposition des témoins que lui-
même accusé avoit requis qu'on interrogeât
pour son honneur & la justification des actes de vertus qu'il disoit pratiquer : on le fit
de nouveau communiquer avec des personnes sçavantes , & à l'issue des entretiens
& des conférences qu'il eut avec elles, il demanda audience, & dit qu'il se retractoit
par égard au Tribunal de l'Eglise, avec la
vénération & le respect qu'il lui avoit toujours portés, se rappellant les paroles avec
lesquelles Dieu avoit recommandé le respect aux Ministres de la Synagogue : *Super
Cathedram Moysis sederunt Scribæ & Pharisæi ; quæcumque dixerint vobis facite* : *Les
Scribes & les Pharisiens se sont assis sur la
Chair de Moyse ; faites tout ce qu'ils vous
diront.*

Quelque tems après, l'accusé demanda
encore audience & dit, qu'il avoit tâché
par les oraisons & les pénitences, & même
par les exorcismes, d'écarter de lui les entretiens, les révélations & les visions dont

Dieu le favorisoit, parce qu'on lui avoit
dit au Tribunal du Saint Office qu'elles ne
procédoient point d'un esprit bon, & qu'on
avoit déclaré qu'en cas qu'elles vinssent du
Démon, Dieu, pour prix de ses efforts,
l'en délivreroit; mais comme c'étoit Dieu
qui lui avoit parlé, Dieu continuoit & con-
tinueroit, afin que lui déclarant & les Ministre du Saint Office crussent qu'il n'avoit
commis aucune faute, & qu'en effet lui
déclarant le croyoit & ne pouvoit se donner pour convaincu, par les raisons des
Prêtres & Théologiens avec lesquels on
l'avoit fait conférer, d'autant qu'ils lui
avoient dit que c'étoit un blasphême d'a-
vancer que Notre-Dame l'avoit absous, &
que lui déclarant ne devoit pas s'en tenir à
ce que ces Théologiens lui disoient à cet
égard ; car encore que les hommes, dans
l'état actuel de la Providence, fussent les
Ministres ordinaires du sacrement de Pénitence, & que semblable grace n'eut été
accordée à personne, il ne s'ensuivoit pas
que lui déclarant ne l'eut point obtenue
par une providence extraordinaire, Dieu
étant indépendant dans le partage de ses
dons & pouvant favoriser quelques-uns plus
que d'autres, comme cela étoit arrivé à
plusieurs Saints inférieurs en mérite aux
Apôtres : que d'ailleurs il étoit constant

par l'Histoire Sainte, que les Anges avoient administré le sacrement d'Euchariftie dans quelques occasions, qu'ainsi il n'y avoit pas de raison de douter ou de nier absolument que la Sainte Vierge & Jesus-Chrift même ne fuffent venus l'absoudre, quoi qu'en disent les Prêtres & les Théologiens qui ont nié absolument la vérité de son fidele rapport. Les fondemens sur lesquels il appuya la vérité de ces absolutions, furent son état de Jésuite & de Miffionnaire apostolique, d'avoir paffé plusieurs fois les mers uniquement pour la gloire de Jesus-Chrift, d'être entré chez cinq Nations des plus barbares qu'il y ait au monde, d'avoir couru un danger évident d'être tué & mangé; après quoi il affirma, avec ferment, qu'il n'y avoit pas de plus fortes raisons en faveur des autres serviteurs de Dieu auxquels on avoit ajouté foi, qu'il avoit d'ailleurs plus de science qu'aucun d'eux & plus travaillé pour la gloire de Dieu, sans qu'il fut néceffaire de recourir aux miracles; que pourtant il declaroit que dans le Fort ou il étoit prisonnier (avant d'être à l'Inquisition) il avoir connu l'état de la confcience de l'un des domestiques; que lui ayant fait une remontrance paternelle il fit une confeffion valide, ce que Dieu révéla à lui déclarant.

On dit alors à l'accusé que sa méchanceté
& son orgueil l'avoient conduit au point
de mépriser tous les avertissemens, toutes
les remontrances, tous les soins charitables
& patiens du Saint Office, pour l'engager
à demander à Dieu, avec une profonde
humilité, de lui ouvrir les yeux ; on lui
annonçoit en même tems que dans peu sa
cause seroit jugée au Tribunal du Saint
Office comme il l'avoit souvent requis ;
que si l'événement n'étoit pas tel qu'il
pouvoit le souhaiter, il ne devroit s'en
prendre qu'à lui-même : & quand on lui
eut rapporté les paroles de Jesus-Christ &
ce que notre Sauveur dit à l'égard de la
priére du Pharisien & de celle du Publi-
cain, *au chap.* 18 *de S. Luc*, il répondit
qu'avant qu'on lui eut fait cette remontrance, il l'avoit déja oui pour lui être pro-
noncée *d'en-haut* avec ces propres paroles:
Sed ego cùm accepero tempus has justitias
judicabo, misterium est tua captivitas, mis-
terium est tua accusatio, misterium est tua
solatio ; Mais moi je jugerai ces justices,
lorsque j'aurai pris mon tems : ta prison
est un mystere, ton accusation est un mys-
tere, ta délivrance est un mystere : & que
Dieu lui avoit assuré qu'il avoit permis
tout cela pour ses très-hauts desseins en
faveur de lui déclarant, pour l'humilier,

le mortifier & combler ſes mérites.

L'accuſé ne voulant donc point ſe dédire des fictions par leſquelles il avoit uſurpé la réputation de ſaint homme, & prétendant la conſerver encore malgré l'hypocriſie & l'impoſture découvertes ; malgré l'inutilité des ſermens terribles qu'on ne lui demandoit point, & dont le dernier qu'il rendit dans l'écume du déſeſpoir & de l'orgueil, fût qu'un des cloux de la Croix de Jeſus-Chriſt ſe convertît en foudre, l'écraſât & le précipitât aux enfers ; diſant que Théologien & maître dans ſon Ordre il ſçavoit quand les ſermens étoient permis: On conduiſit ſon procès à concluſion finale comme il ſuit.

Vû dans le Tribunal du Saint Office le procès de l'accuſé, après avoir été appellé, entendu & de nouveau admoneſté, il a été arrêté que ledit accuſé étoit, par la preuve de Juſtice & par ſes propres déclarations, convaincu du crime d'héréſie, & de feindre des révélations, des viſions, des entretiens & autres faveurs ſpéciales du Ciel, en vûe d'être tenu & réputé pour Saint ; il a été en conſéquence jugé & déclaré hérétique, convaincu, feint, faux, confeſſant, revoquant & profeſſant pluſieurs héréſies.

Le coupable ayant ſçû enſuite que les démonſtrations d'allégreſſe qu'il avoit en-

tendues, étoient des signes par lesquels les
Portugais témoignoient leur inexprimable
contentement du bienfait dont la bonté
de Dieu venoit de favoriser ce Royaume,
en lui accordant un auguste rejetton, l'es-
pérance du peuple & du Monarque, il
demanda audience : il y feignit, à son ordinaire, & se plaignit de ce qu'au Tribunal
du Saint Office on n'ajoutoit pas foi à ses
prophéties ni à ses révélations, d'y être
traité comme hérétique & imposteur, sans
qu'on prit garde que les Saints qui ont eû
des révélations véritables ont été aussi quelquefois dans l'illusion, comme lui déclarant avouoit y avoir été quand il a dit que
le Roi étoit mort ; s'imaginant donc pouvoir encore accréditer ses fictions, il dit
qu'il lui avoit été revélé du Ciel que Son
Altesse Sérénissime Madame la Princesse
du Brésil étoit heureusement accouchée &
que Dieu lui avoit accordé une fille, pour
faire connoître que les deux sérénissimes
Epoux pouvoient donner à la Maison
Royale de Portugal la succession mascu-
line après laquelle on soupiroit, & qu'il
sçavoit, par la révélation, qu'ils auroient
encore des enfans mâles.

Afin que la crainte de la sévérité & de
la rigueur de la Justice pussent opérer sur
ce coupable, ce que n'avoient pas fait les

remontrances de la douceur, de la patience, de la charité & les soins infinis que le Saint Office avoit employés pour le remettre dans le chemin du salut, on lui notifia alors son Arrêt : mais persistant dans son opiniâtreté il a été enfin cité pour se trouver à l'Acte de Foi (du 20 Septembre 1761.) y entendre la lecture de son Arrêt : il y fut en effet conduit. Dans le cours de l'Acte le coupable demanda audience : on la lui accorda, mais il n'y dit rien qui fit changer son jugement.

Le tout vû avec ce qui conste des Actes & la disposition du droit en tel cas, la qualité des fautes du coupable ayant été examinée avec l'attention qu'exige la gravité de la matiere, & le coupable ayant persisté jusqu'à présent dans son endurcissement & son impenitence :

Le saint Nom de Jesus invoqué, déclarent l'accusé, Pere Gabriel Malagrida, convaincu du crime d'hérésie, pour affirmer, suivre, écrire & soutenir des propositions, & des doctrines opposées aux dogmes véritables & à la doctrine que nous propose & enseigne la sainte Mere Eglise Catholique Romaine, qu'ayant été & étant hérétique de notre sainte Foi Catholique, il a encouru l'excommunication majeure & les autres peines portées par le

Droit

Droit contre semblables , & ordonnent que, comme hérétiques, Auteur de nouvelles héréfies, convaincu, feint, faux, confeffant, révoquant, obftiné & profeffant fes erreurs , il foit dépofé & actuellement dégradé de fes Ordres, felon la difpofition & la forme des facrés Canons, & livré enfuite avec un baillon, le bonnet d'infamie & l'écriteau d'héréfiarque, à la Juftice féculiere , que l'on prie inftamment de traiter ledit coupable avec indulgence & commifération, fans procéder à la peine de mort ni à effufion de fang.

Louis-Pierre de Brito Caldeira.
Jerôme Rogado do Carvalhal Sylva.
Joachim Jansen Muller.
Louis Barata de Lima.

Et il n'y a rien de plus dans ladite Sentence, qui eft jointe auxdits Actes, qui ont été conclus à la *Relaçaõ*, où l'on a prononcé l'Arrêt de la teneur fuivante.

Arrêtent dans la *Relaçaõ*, &c. Vû la Sentence des Inquifiteurs,Ordinaire & Députés du Saint Office, & comme elle fait voir que l'accufé, Gabriel Malagrida, ci-devant Religieux Prêtre de la Compagnie dénommée de Jefus , eft hérétique de notre fainte Foi catholique, qui eft comme tel livré à la Juftice féculiere,

venant d'être publiquement & juridique-
ment dégradé de ſes Ordres : & vû la diſ-
poſition du Droit & l'Ordonnance en tel
cas, le condamnent à être conduit la corde
au col & avec le cri de Juſtice, par les
rues publiques de cette ville juſqu'à la
place du *Rocio*, & à mourir là étranglé,
& qu'après ſa mort, ſon corps ſoit brûlé
& réduit en pouſſiere & en cendres, afin
qu'il ne reſte aucun ſouvenir de lui ni de
ſa ſépulture. Et paye les frais. Lisbonne,
vingt Septembre mil ſept cent ſoixante-un.

GAMA. CASTRO. LEMOS. XAVIER DA
SYLVA. GERALDES. SYABRA. CARVALHO.
SYLVA FREIRE.

*Et il n'y avoit rien de plus dans ladite
Sentence de la Relaçaõ qui eſt jointe auſ-
dits Actes, auxquels je me réfere en tout
& pour tout : Et en vertu de la même Sentence de la Relaçaõ, on a fait le cri de
Juſtice pour mettre à exécution ſur la perſonne du criminel ladite Sentence de la
maniere qu'elle preſcrit ; en foi de quoi eſt
paſſé la préſente par moi ſouſcrite & ſi-
gnée. A Lisbonne le vingt-quatre du mois
de Septembre de l'année mil ſept cent ſoixante-un.*

ACORDAÕ

DOS INQUISIDORES,

ORDINARIO, E DEPUTADOS

DA SANTA INQUISIÇAÕ

CONTRA O PADRE

GABRIEL MALAGRIDA,

JESUITA,

Pronunciado no Auto publico da Fé, que se celebrou en Lisboa aos 20 de Septembro 1761.

ACordaõ os Inquisidores, Ordinario e Deputados da Santa Inquisiçaõ; que vistos estes Autos, culpas, Declaraçoens, Respostas, e Retractaçoens do Padre Gabriel Malagrida, Religioso da Companhia denominada de Jesus, natural da villa de Menajo, Bispado de Como, no Ducado de Millaõ, e assistente nesta Corte, Reo preso que presente está.

Porque se mostra que sendo Christaõ baptifado, Sacerdote, Confeſſor, Theologo Miſſionario obrigado a ter e crer a ſanta Fé Catholica que pregaráõ os ſagrados Apoſtolos e Diſcipulos de Jeſus-Chriſto noſſo bem Redemptor e Senhor noſſo; aquella meſma que nos propoem e enſina a ſanta Madre Igreja de Roma, may e meſtra de todo o Catholiciſmo, e regra infallivel dos verdadeiros dogmas, contra a qual naó podem prevaleſcer o inferno e miniſtros do Demonio: a deſviarſe e fogir das novidades oppoſtas ao Evangelho, e a enſinar, prégar, defender, e eſcrever doutrina ſam e catholica, ſem interpretar ao ſeu arbitrio e contra os preceitos da meſma Igreja, e ſentir dos ſanctos Padres os lugares da Eſcriptura:

A procurar a uniaó dos Catholicos na perfeita charidade, e na obediencia devida aos verdadeiros e ſeus legitimos ſuperiores, ſem concitar ſediçoens perniciofas e promovidas pelos infernaes eſpiritos da ſoberba e da diſcordia.

E finalmente a imitar os ſectadores da virtude chriſtam, que ſobiraó á perfeiçaó pelo caminho da humildade, com trabalhos e com muita paciencia recomendada nas divinas letras pelo meſmo Jeſus-Chriſto, o qual ſendo verdadeiro Deos ſe fes homem e tomando ſobre ſi as noſſas culpas nos abrio as portas para a feliz eternidade:

e sendo innocentissimo nos ensinou e nos
deu exemplo para sofrer trabalhos que saõ
effeito dos nossos delictos e do peccado;
declarando - nos pelos seus Evangelistas os
sinaes que devemos observar para conhecer
os hypocritas, e prophetas falsos, que cober-
tos com a pelle das ovelhas nos pretendem
enganar, como nos diz o mesmo Jesus-
Christo, por S. Matheos no cap 7. e palavras seguintes; *Attendite à falsis prophetis
qui venient ad vos in vestimentis ovium, intrinsecus autem sunt lupi rapaces; à fructibus
eorum cognoscetis eos.*

E devendo o Reo conformar-se com os
conselhos e preceitos Evangelicos, e ouvir a
Jesus-Christo pela voz da sua Igreja e Ministros; o fes tanto pelo contrario que es-
quecido da obrigaçaõ de catholico e de rel-
ligioso verdadeiro, entrou a dar ouvidos ao
Espirito infernal, que procurando a total
destruiçaõ, e ruina de sua alma o guiara a
perdiçaõ.

Por quanto cheyo o Reo de ambiçaõ e da
soberba, comque a todos se considerava na
virtute superior, passou a fingir milagres,
revelaçoens, visoens, locuçoens, e outros
muitos favores celestiaes que o mesmo Deos
concede a os seus verdadeiros servos, os
quaes como diz S. Paulo no cap. 2. da Epistola *ad Ephesios*, edificaõ sobre a Doutrina e

fundamento dos Apostolos e Prophetas de que
he a summa pedra angular o mesmo Jesus-
Christo , *in quo omnis ædificatio constructa
crescit in templum sanctum in Domino.*

E conseguindo o Reo pelo meyo da Hypocrisia , e da mais refinada malicia que o
tivessem por sancto e por verdadeiro propheta aquellas pessoas que com permisaó
divina naó fazaó reparo nos fundamentos ,
sobre que se sustentava a grande maquina de
fingida sanctidade , se foi reduzindo a hum
monstro da mayor iniquidade.

Por quanto naó contente nem satisfeito
com haver enganado os Povos dos Dominos
deste Reyno , dos quaes tinha extorquido
muito grosso cabedal com pretexto de devo-
çaó , e de devotos fins , e com outros fingimentos , e embustes passou a espalhar o
mais terrivel veneno que tinha no Coraçaó ;
fomentando discordias , e sediçoens e a pro-
phetisar os funestos successos que sabia se
ideavaó e tractavaó nesta corte com os fu-
nestissimos objectos que depois se fizeraó
manifestos.

E querenda ainda assim conservar o seu
bom nome e opiniaó de santidade, pertendeu
persuadir as suas fingidas revelaçoens de
futuros castigos, com doutrinas nunca ouvidas, misturadas com proposiçoens hereticas ,
blasphemas , erroneas , temerarias , impias ,

fediciofas, e offenfivas dos pios ouvidos ;
as quaes naõ fó proferia mas efcreveu, e
athe na mefa do Sanĉto Officio as continuou
a defender; affirmando ferem lhe diĉtadas
por Deos Senhor noffo, por Maria fanĉtif-
fima noffa Senhora, e pelos fanĉtos e Anjos
do Ceo, que dizia lhe falavaõ e com elle
communicavaõ ; chegando a perfuadir-fe
que eftes meyos improprios de hum catholico, e inventados pela malicia do Reo, eraõ
os mais convenientes para evitar a continua-
çaõ dos trabalhos, em que fe tinha metido,
para reftituir ao antiguo eftado a fua Religiaõ,
e para reduzir a huma geral confternaçaõ a
corte e todo efte reyno, contra o qual ardia
no entranhavel odio que bem fe manifefta
deftas autos, e das declaraçoens do mefmo
Reo.

Do que tudo havendo informaçaõ na mefa do Sanĉto Officio, e aprefentando-fe nella duas obras efcriptas pela letra do Reo,
hua intitulada : *Heroica e admiravel Vida da
gloriofa fanĉta Anna may de Maria fanĉtiff-
ma, diĉtada da mefma fanĉta com aff:ftencia
a provaçaõ e concurfo da mefma foberaniffima
Senhora e feu fanĉtiffimo Filho, efcripta na
lingua Portugueza*; e outra na lingua Latina
com titulo, *Traĉtatus de vita & imperio An-
ti-Chrifti*, ambas reconhecidas pelo mef-
n.o Reo, a quem foraõ moftradas na Inquifiçaõ.   E iv

E sendo vistas e examinadas as referidas
duas obras, contém entre outras as propos-
çoens seguintes, a saber: Que sancta Anna
fora sanctificada no ventre de sua may,
assim como Maria sanctissima fora sanctificada no ventre de sancta Anna: Que o privilegio da sanctificaçaó no ventre de sua
may, só fora concedido a sancta Anna e a
Maria sua filha: Que sancta Anna no ventre de sua may entendia, conhecia, amava,
e servia a Deos como tantos sanctos avulta-
dos na gloria: Que sancta Anna no ventre
de sua may chorava e fazia chorar por com-
payxaó os Cherubins e Seraphins, que lhe
assistiaó: Que sancta Anna estando ainda
no ventre de sua may fizera os seus votos,
e para que nenhuma das tres divinas pessoas
ficasse escandalisada da sua affectuosa atten-
çaó, fizera ao Eterno Pay o voto da pobreza,
ao Eterno Filho o voto da obediencia, e ao
Eterno Espirito sancto, o voto da castidade:
Que sancta Anna fora a creatura mais innocente que sahira das maons de Deos, que
parecia naó ter peccado em Adaó, e que ad-
mitira o Estado de Cazada para ser mais
casta, mais pura, mais virgem, e mais innocente: Que sancta Anna sendo viadora
orava a favor de todos os coros angelicos
gloriosos, para que Deos lhes assistisse, e os
socorresse, e para que mais se avantajassem

em servir e louvar a sua Divina Mageftade.

Que Chrifto naõ achára termos fufficientes para darnos a entender a grandeza dos dôns que concedera a fancta Anna, e que os fufpiros da mefma fancta chegaraõ a defpertar novos e inufitados incendios no coraçaõ de Deos : Que a virtude e fanctidade he mais facil de propagar do que o vicio : Que Adaõ ainda que tivera vivido rectamente e evitado a culpa mortal, fempre havia de fer hum pobre fervo, muito fraco, e muito ignorante : Que elle Reo ouvira falar ao Eterno Pay com a fua clara e diftincta voz; ao Eterno Filho com a fua clara e diftincta voz, e ao Eterno Efpirito fancto com a fua clara e diftincta voz.

Que a familia de fancta Anna alem dos fenhores e de alguas creanças confiftia em vinte efcravos, doze varoens e oito femeas : Que S. Joaquim tivera o officio de Pedreyro, e morava em Jerufalem com fancta Anna, e que efta fora a mulher forte de que falava Salomaõ, o qual fe havia enganado, porque no feu povo e do feu fangue nafcera taõ ditoza mulher.

Que fancta Anna fizera hum recolhimento em Jerufalem de cinquenta e tres Recolhidas, que para o completar fe disfarzaraõ em Carpinteyros os Anjos, e que para o fuftento hia hua dellas por nome Martha comprar peyxe, e o vendia com lucro na cidade: Que das recolhidas de fancta Anna cazaraõ alguas unicamente para obedecer a Deos, o qual tinha ab æterno determinado que a quellas felices donzellas educadas com attençaõ da fancta Anna foffem mays de San-ctos, Sanctas, e de varios Apoftolos e Dif-cipulos de Jefus-Chrifto : Que huma cazara com Nicodemos, outra com faõ Matheos, outra com Jofé de Arimathea, e que do ca-zamento de outra procedera S. Lino, fuc-ceffor de S. Pedro : Que Chrifto toma va-rias figuras e faz varios papeis com aquelles poucos que levanta a mais alta contempla-çaõ, e que concede hum, e varios directo-res do ceo ás almas que defejaõ a perfey-çaõ.

Tamben affirma na fua obra que Maria fanctiffima lhe dera a doutrina feguinte : Que as almas dos mundanos ou almas que naõ afpiraõ fe naõ á obfervancia dos man-damentos, as tenta fó o demonio; masquan-do afpiraõ á perfeyçaõ, e Deos as quer com efpecial empenho adiantar á contemplaçaõ paffiva as tenta no principio o demonio, porém que depois de terem dado boa conta fe lhe fas entender que na Igreja há na rea-lidade huma nova profiffaõ que he a com-templaçaõ alta dos mifterios divinos, e re-velaçoensde couzas occultas *á conflitutione*

mundi ; e que entaó toma Deos e Maria
sanctissima conta dellas, metendo-as em fun-
dos taó escuros e com tentaçoens taó pesa-
das, que naó sabem a que parte se haó de tor-
nar : Que chegadas porém as almas a este
estado se despedem dellas para sempre os
demonios, sem que deyxem de sentir as
mesmas almas seus repelloens e combates
bem renhidos, tanto assim que lhe parecem
diabos, e ainda, dos mais sujos e malignos
com mentiras, com enredos, com apertos e
prophanidades e com couzas deshonestas; e
com tudo que naó saó diabos os tentadores,
mas sim almas sanctas, ainda das mais ele-
vadas na gloria. Que saó Anjos purissimos
e amantissimos das ditas almas, os quaes se
naó envergonhaó, antes se prezaó de aju-
dalas com estes ministerios, fazendo o papel
de tentadores, e de demonios para as gan-
har totalmente, e fazer mais depressa en-
cher aquella medida de mortificaçoens, e
resistencias que Deos mesmo lhes tem taxa-
do, para admittilas depois á communicaçaó
dos seus segredos.

Alem destas proposiçoens escreveo como
revelado tambem as seguintes : Que a natureza divina he distincta entre as pessoas :
Que Maria sanctissima estando no ventre de
santa Anna proferira estas palavras, *Consolare, mater mea amantissima, quia invenisti*

gratiam apud Dominum. Ecce concipies &
paries filiam,& vocabitur nomen ejus Maria,
& requiescet super eam Spiritus Domini, &
obumbrabit & concipiet in ea, & ex ea filium
Altissimi qui salvum faciet populum suum, e
affirma com juramento na dita obra, que a
mesma Senhora isto lhe revelava, e juntamente que no paraiso Celeste se festejara por
oito dias aquelle primeyro passo ou mila-
grosas palavras.

Tambem affirma como revelado que Deos
lhe differa naõ duvidasse engrandecer a Senhora, *usque ad excessum & ultra*, nem tivef-
fe receyo uzar, e communicar-lhe os attri-
butos proprios do mesmo Deos a saber im-
menso, infinito, eterno e omnipotente :
Que o sacratissimo corpo de Christo fora for-
mado de hua gota de sangue do coraçaõ de
Maria santissima, e que o mesmo se augmen-
tara pouco a pouco com a virtude do ali-
mento da may athe estar perfeytamente or-
ganisado e capaz de receber a alma ; mas
que a divinidade e personalidade do verbo
ja se tinha unido áquella gota de sangue no
mesmo instante em que sahio do coraçaõ
para o purissimo ventre da Senhora : Que as
tres divinas pessoas tiveraõ varias consultas,
questoens e pareceres entresi sobre o trata-
mento que se havia de dar a sancta Anna,
e convieraõ em que fosse superior a todos os

Anjos e mais Sanctos : Que a Cidade sancta
reprefentada ao Evangelifta e Difcipulo a-
mado quando dice : *Vidi Civitatem fanctam
Jerufalem novam defcendentem de Cælo ficut
fponfam ornatam viro fuo* ; fe devia reputar
por hum fordido e vil monftro em compa-
raçaó da alma de fancta Anna.

Que fancta Anna tivera hua Irman chamada fancta Baptiftina, e que efta lhe differa,
que a Senhora eftava ainda com feus Pays,
quando o Archanjo S. Gabriel lhe deu a em-
baxada de que havia de fer may de Deos, e
humilhandofe a Senhora entrava a pedir ao
Eterno Pay que pediffe por ella, para que
foffe admitida por pobre e vil efcrava ; po-
rémque vendo-fe dezenganada de que havia
de fer may de Deos, cahira no chaó com hum
desmayo, que dera travalho ao Anjo o qual
levantara a Senhora com grande reverencia,
e entrara a perfuadila que aceytaffe aquella
dignidade, fufpendendo-fe hum feftim pre-
parado pelos Anjos e Archanjos athe que a
Senhora deu o feu confentimento : Que depois de encarnado o divino Verbo fe defpo-
fara a fenhora com S. Jofé, tendo entaó fan-
ta Anna fincoenta annos de idade : Que
Maria fanctiffima Senhora noffa era mora-
dora em Jerufalem quando perdera feu Filho
fanctiffimo, e que efte fora achado no Templo no fim de tres dias, por fe ter apartado

da mesma senhora para hir assistir à morte
de sancta Anna.

Affirma mais que Maria sanctissima Senhora nossa ordenando-lhe que escrevesse a vida do Antichristo, lhe dissera que elle Reo era outro João depois de Joaó, porém muito mais claro e mais fecundo; e continuando com a dita obra passa a escrever como revelado: Que haó de ser tres os Antichristos, e que assim se devem entender as escripturas, a saber pay, filho e neto, e que o ultimo ha de nacer em millaó de hum frade e de huma freyra no anno de mil nove centos e vinte, e que ha de casar com Proserpina huma das furias infernaes: Que o Antichristo ha de ser Baptisado por sua may, e que o Demonio que entendera ser seu Pay, só ha de saber do baptismo depois da huma imprudente confissaó da may: Que o nome de Maria somente, e sem obras foy a salvaçaó de alguas creaturas, e que a may do Antichristo se ha de salvar por ter este nome e por attengaó ao Convento em que foy freyra: Que os Religiosos da Companhia haó de fundar hum novo Imperio para Christo, descobrindo novas e multiplicadas naçoens de Indios: Que o Religioso tepido e imperfeyto excede no merecimento a hum fervoroso e perfeyto secular : Que

ninguem nafceo para exercer alguns of-
ficios neceffarios para o governo eccle-
fiaftico ou politico.

Diz mais na dita obra *de Antichrifto* ,
que na noite de vinte & nove de novem-
bro do anno paffado , ouvira as palavras
feguintes : *Hac noĉte , hac noĉte , id eft
brevi , & inopinato intentu de medio tollemus principem tam iniquæ criminationis cùm
adjutoribus & adulatoribus fuis.* E com eftas
e outras propofiçoens injuriofas a todo o
eftado de peffoas , e femelhantes ás dos
mais depravados herefiarchas pertendeu o
Reo , que fe tiveffen por divinas as fuas revelaçoens e por orthodoxas as fuas propofiçoens e obras , as quaes com tenacidade
tem defenfido , ainda depois das charitati-
vas admoeftaçoens que lhe foraõ feitas pelos Miniftros da Igreja.

Pelas quaes culpas fendo o Reo prezo
nos carceres do Santo Officio , diffe com
grande foberva e com prefumpçaõ bem al-
heya do efpirito de Deos , que naõ tinha
culpas que confeffar ; mas porque viera
para a Inquifiçaõ com grande cautela e
fegredo fem faber para onde o traziaõ ; e
por quanto Deos Senhor noffo lhe havia
dito que eftava no Santo Officio , que no
dia figninte fería chamado á meza , e a Tribunal competente , e que entaõ na hora

emque foſſe preciſo haviaõ de ceſſar humas
dores de cabeça e entranhas procedidas do
arda noite como na realidade lhe tinha
ſuccedido; davà conta de que tendo noticia
que el Rey Senhor noſſo privara das miſſoens aos Religioſos da Companhia, com
prejuizo dos Barbaros convertidos e naõ convertidos, temera grave damno á peſſoa de
ſua Mageſtade, ſem embargo de eſtar certo
que obrara ſem má vontade, e que ſendo
mandado para Setuval, condoendo-ſe deſte
Reyno, recorrera a Deos noſſo Senhor pedindo pela peſſoa do Rey e bem de ſeu
Eſtado, e entaõ ſe lhe diſſera ao Coraçaõ,
que buſcaſſe modos de avizar a ſua Mageſtade de hum perigo imminente que eſtava
para lhe ſuccedar, que vendo-ſe á iſſo em
conſciencia obrigado fizera todas as diligencias para o precaver, o que naõ pudera
conſeguir, razaõ porque entrara a fazer
penitencias e oraçoens publicas e privadas,
as quaes foraõ ouvidas no Tribunal divino, e por ellas moderara Deos Senhor
noſſo o Caſtigo ao meſmo Rey, como ſe
lhe havia a elle declarante revelado.

Que ſendo depois injuſtamente prezo
como cabeça da conjuraçaõ entrara a eſcrever com ordem do meſmo Deos e de
noſſa Senhora a vida de ſanta Anna e
outra obra que tracta da vida e Imperio
do

(81)

do Antichrifto afquaes obras lhe foraõ
achadas e tomadas , e que pelas haver
efcripto fabia que eftava prezo na Inquifiçaõ como hypocrita que fingia revelaçoens falfas , e virtudes que naõ tinha.

Declarou mais que havia hum anno
lhe differa o Senhor que naõ eftáva fa-
tisfeyto com as injurias que elle declarante padecia , e que ainda havia padecer
mais para fe conformar com o feu exem-
plar Jefus-Chrifto , vindo ao Sancto Officio
accufado com calumnias ! E que pergun-
tandofe-lhe fe eftava prompto para o imitar , duvidando elle declaránte dar-fe por
convencido em rezaõ do difcredito da fua
Religiaõ , lhe fora refpondido que havia
de ter o trabalho de fe ver fora della ,
como lhe fuccedia , por quanto nos carceres em que fe achava , lhe lembrava
Jefus-Chrifto o que lhe havia declarado , e
na meza em que eftava ouvia a intelligencia do paffado , pois tambem ali *ab alto*
fe lhe dizia que naõ havia já Companhia
em Portugal , por eftar toda lacerada por
fentença que em todo o mundo fe fez
publica , o que lhe parecia muito arduo ,
mas que naõ deyxavaõ de lhe caufar algum temor as vozes que eftava ouvindo ,
com o qual fe fugeytava a Igreja por ter
medo de illufoens.

F

Depois do que pedindo o Reo Audiencia diſſe que Deos Senhor noſſo lhe havia
ordenado, vieſſe dar as razoens que tinha
para julgar ſerem verdadeyras as ſuas revelaçoens e eraó as ſeguintes; prima porque naó continhaó couza algua contra os
artigos da fé e contra o commum ſentir da
Igreja e dos ſanctos Padres. 2ª. Por ſerem
acompanhadas de vida dada a oraçaó e
exercicio das virtudes, porque a principio
tivera de oraçaó duas horas, de pois quatro, e de preſente outo ordenadas pelo
meſmo Deos, ſendo ſeu director o veneravel Padre Segñeri. 3ª. Por ter elle declarante vida penitente, e mortificada ſem
comer carne, ovos e peyxe, nem beber
vinho, de ſorte que tendo-lhe Deos per-
mitido huma pequena porçaó de vinho, in-
teyramente lho havia tirado ja, ordenando-
lhe que da porçaó do paó tomaſſe ſó-
mente metade e deyxaſſe o mais para os
pobres. 4. Por lhe dizer o Padre Segneri que
naó era poſſivel que Deos Senhor noſſo ſe
eſqueceſſe de tantos trabalhos como elle
declarante havia tido, e de tantos ſerviços
como lhe tinha feyto; e affirmou o Reo
que Deos o comparava a ſaó Franciſco
Xavier, e que dizia o refferido com grande
pena, mas que o meſmo Senhor lhe ordenava o fizeſſe, declarando-lhe que o tinha

efcolhido para feu Embayxador, Apoftolo
e para feu Propheta. 5ª. Porque as revelaçoens, vifoens e locuçoéns lhe influiaõ hum
grande defejo de padecer e morrer pelo
mefmo Deos, com amor taõ abrazado ao
Senhor que o tinha ja unido a fi com uniaõ
habitual. 6ª. Pela admiravel e celeftial
douttrina que Deos lhe dava. E que Maria
fanctiffima fe dignava dizer-lhe que o tinha
tomado por filho feu por fer ifto do agrado
de Jefus-Chrifto, ede toda a fanctiffima
Trindade. 7ª. por ter hum grande defejo de
focorrer as almas do Purgatorio como *ab
alto* fe lhe ordenava, de forte que alguas
vezes fe lhe mandava que rezaffe quarenta
rofarios, para o que paffava muitas noutes
dormindo fómente hûa ou duas horas, o que
naturalmente era impoffivel, e que o Senhor lhe tinha dito que a fua vida era hum
continuo milagre e obra da fua omnipo-
tencia.

E por todas eftas razoens, e porque Deos
Senhor noffo lhe tinha dado a conhecer que
o Archanjo faõ Raphael, e o Anjo da fua
guarda foraõ os que o paffaraõ em huma la-
goa de quatro centos palmos, affirmava que
as fuas revelaçoens fem duvida eraõ divinas, acrefcentando que no mefmo inftante
em que ifto declarava, lhe dizia Deos fenfi-
velmente eftas formaes palavras : *Hæc funt*

signa Apoſtolatûs & legationis tua ; qua quidem ſigna ſuperabundantia ſunt ad probandum intentum , ſcilicet te eſſe legatum à me ſpecialiter delectum ad manifeſtandam voluntatem meam tam Barbaris quam Catholicis , quod ſi forte apud Judices tuos , Miniſtros meos non reputentur ſufficientia , deſcendes ad narranda majora miracula.

E tendo o reo obſervado no Miniſtro que o proceſſava, que ſe naó dava credito aos ſeus embuſtes e pretendida ſanctidade , por ſe achar deſpida das qualidades que acompanhaó a verdadeira , continou a dizer que achando-ſe em perigo no eſtado do Braſil huma náo, a que havia quebrado a mais forte amarra, ſe lançaraó ſobre elle todas as peſſoas que hiaó na meſma náo , paraque pediſſe á Senhora das Miſſoens que as livraſſe daquelle extremo perigo em que ſe viaó ; e que recorrendo elle declarante á meſma Senhora , ficaraó todos livres : Que fizera outro ſemilhante milagre na barra de eſta corte. E que eſtando doente a ſereniſſima Senhora Raynha May Donna Marianna de Auſtria , o obrigara o ſeu eſpirito a dizer-lhe que morria, contra o parecer dos medicos que lhe ſeguravaó a vida , ou affirmaraó achar-ſe com melhoras ; e que o ſeu annuncio e prophecia ſe verificara e fora certo.

Declarou mais que havia livrado de perigo certas peſſoas enfermas por lhe pedirem as ſuas oraçoens ; e que com eſtas dera ſucceſſaõ a alguas cazas deſte Reyno : por quanto promettendo-lhe certa peſſoa 600 mil reis para a Senhora das Miſſoens, conſeguira da meſma Senhora a ſucceſſaõ deſejada, ou a que ſe lhe pedira : Que eſtando depois a dita ſucceſſaõ em perigo de fallecer por ſe haver demorado a ſatisfaçaõ da promeſſa, á conta da qual só ſe lhe tinhaõ dado 200 mil reis, o tornaraõ a inſtar com novas deprecaçoens, e que fora com effeito a dita ſucceſſaõ livre do perigo e da doença, pelas oraçoens delle declarante : Que a rogos de outra peſſoa e por occaſiaõ de outra promeſa, tambem *prater totam ſpem* conſeguira ſucceſſaõ a hum Miniſtro ja velho, do que ſe ſiguira dizerem as más linguas que o filho naõ era ſeu.

E ſendo o Reo, admoeſtado com charidade paraque reconheceſſe e confeſſaſſe as ſuas culpas por naõ adquirir com trabalhos os caſtigos eternos, que merecem os tranſgreſſores da Ley de Deos, que pelo meyo da hypocreſia procuraõ as eſtimaçoens do mundo, no qual ainda ſe achava e em via de merecer, ou deſmerecer o premio que o meſmo Deos concede a os eſcolhidos, e áquelles que ſe arrependem dos ſeus peccados, e com verdadeiro arrependimento os confeſſaõ athe ao tempo da morte, que ſuppoſta a ſua idade naõ eſtava muito diſtante.

Reſpondeu que naõ era hypocrita nem uſava de fingimentos, e que ſe acaſo era fingido o ſeu modo de vida, Deos noſſo Senhor o mataſſe com hum rayo no meſmo lugar em que eſtava no Tribunal da Igreja, á qual ſugeytava os ſeus eſcriptos e mais papeis, para que ſe lhe deſſem as cenſuras que mereceſſem; porque queria morrer no gremio da meſma Igreja, em que ſempre crera, e em cuja contemplaçaõ offerecera muitas vezes a ſua vida.

Diſſe mais que affirmava com juramento ter fallado muitas vezes com ſaõ Ignacio, com ſaõ Franciſco de Borja, com ſaõ Boaventura, com ſaõ Phelipe Neri, com ſaõ Carlos Borromeu, com ſancta Thereſa e com outros muitos Sanctos, com o Padre Segñeri e com outras muitas peſſoas falleſcidas, das quaes huma era certo relligioſo da ſua Companhia, o qual lhe viera render as graças de ſe achar livre das penas do Purgatorio, em que eſtivera demorado por haver retido no ſeu cubiculo com licença dos Superiores varios mimos que intentara applicar á livraria; e para tirar a infamia á ſua Relligiaõ, que pedia ſe averiguaſſe aſſe o numeto das fundaçoens que tinha feyto, com o producto das muitas joyas e peſſas de ouro, dadas a noſſa Senhora das Miſſoens, pelos fieis da America, em gratificaçaó das graças e dos milagres que a meſma Senhora lhes havia feyto, aqual ſenſivelmente e por muitas vezes tinha dito a elle declarante, que o tomava debayxo do ſeu amparo, para o ajudar em todas as ſuas obras, como verdadeyra fundadora.

Diſſe mais que Deos Senhor noſſo lhe mandara que moſtraſſe na meza do Santo Officio, que naó era hypocrita, como diziaó os inimigos da ſua Religiaó, dos quaes alguns haviaó falleſcido poucos dias antes, o que elle Reo ſabia por revelaçaó divina: E por iſſo refferia que ouvindo huns eſtrondos pela meya noute, perguntara ao Alcayde dos carceres que coiza havia de novo, e que eſtrondo tinha ſido aquelle que ſe ouvira, e reſpondendo-lhe o meſmo Alcayde que poderiaó ſer huas badaladas, que no Convento do Carmo ſe coſtumavaó dar na occaſiaó em que alguas mulheres eſtaó para parir, continuara a ouvir os meſmos eſtrondos, e que entaó *ab alto* lhe fora dito que eraó pela morte de el Rey noſſo Senhor, o que de novo ſe lhe repetira paſſados dous dias, e em tempo em que ja nas torres tocavaõ os finos : E que fe elle Inquifidor que o proceffava reflectiffe no paffado e no requerimento que lhe fizera , havia de vir no conhecimento deque o zelo da falvaçaõ do mefmo Rey a quem queria fe fizeffe certa pelo Tribunal da Inquifiçaõ a fua verdade paraque fe evitaffe o imminente perigo, fora a unica caufa que elle declarante tivera para pedir a brevidade e acceleraçaõ do feu defpacho : E fuccedendo tudo ifto na occafiaõ do fallefcimento do Marques de Tancos que governava as armas na Corte , & Provincia da Eftremadura, fe conclufo , capacitado o Reo, de quo os finaes nas torres e as defufadas falvas nas fortalezas eraõ pela morte do Rey , e fem outro algum fundamento entrou a fingir efta chamada revelaçaõ que inventou a fua malicia.

E naõ querendo o mefmo Reo aproveytarfe das repetidas admoeftaçoens que com charidade fe lhe faziaõ para que deyxaffe fingimentos , e confefaffe as culpas que havia cometido perrencentes ao conhecimento do Sancto Officio , paffou a dizer que eftava abfolvido por Chrifto Senhor noffo de toda a culpa e pena, e que naõ fabia a razaõ porque fe naõ dava credito á fua verdade e expofiçaõ jurada, tendo-fe acreditado as revelaçoens de algumas fervas de Deos , que naõ tiveraõ tantos trabalhos, nem fizeraõ mayores serviços, senda huma dellas a veneravel soror Maria de Jesus de Agreda.

E que na noute antecedente a esta declaraçaõ que fazia, tivera elle Reo hua visaõ intellectual das penas que padecia a alma de sua Magestade, e ouvira as reprehençoens que lhe davaõ algũas almas devotas, com as palavras que declarou pelas persecuçoens que fazia á Companhia : Que estes ou outros semelhantes castigos haviaõ experimentar as pessoas que concorreraõ para o exterminio da sua Relligiaõ ; e que naõ havia engano nestas couzas, por cahirem em hum sugeyto a guem por especial privilegio administrava todos os dias Maria sanctissima a absolviçaõ na forma seguinte : *Dominus noster Jesus Christus Filius meus te absolvat ; & ego auctoritate ipsius te absolvo ab omnibus peccatis tuis & pœnis, in nomine, Patris & Filii, & Spiritûs sancti.*

Disse mais rompendo em juramentos assertorios e execratorios contra si e contra a sua propria salvaçaõ eterna, que eraõ verdadeyras as suas revelaçoens, e que escrevera a vida de sancta Anna, e o tratado do Imperio do Antichristo, annunciando castigos por ordem do mesmo Deos, que sensivelmente lhe tinha dito estas formaes palavras : *Nisi hæc scripseris non habebis partem mecum in regno meo, projiciam te à facie mea*, e aſſim que vinha no conhecimento de que húa Tragedia que havia compoſto na qual faziaô figuras Eſther, Mardocheo, e Aman fora verdadeyra prophecia do que havia de ſucceder em Portugal com os perſeguidores da ſua Companhia, dos quaes alguns tinhaô fallecido, outros ſe viaô caſtigados, e que ella com brevidade ſeria reſtituida ao ſeu antiguo decoro como *al alto* ſe lhe eſtava dizendo : Affirmando mais ſem attender á charidade e ao grande reſpeyto e reverencia devida a os ſoberanos, que ſe lhe tinhaô dito em dous verſos as pa'avras ſeguintes : *Impie Rex, bini ſunt tantùm tua tempora menſes, Longa ſed ad pœnas tempora virgo dabit*, e paſſando a proferir, que entendia que lhe daria Deos permiſſaô para declarar o que ja ſabia do eſta'o da alma do Rey deffuncto.

Declarou mais que a Marqueſa de Tavora muitas vezes lhe havia apparecido, e que ſendo por elle reprehendida de haver concorrido para hum exceſſo impio e ſacrilego, contra a promeſſa que a meſma lhe havia feyto de naô offender à Deos com culpa mortal, e que lhe havia reſpondido a dita Marqueza que ſe originara a ſua miſeria da maldita e injuſta ſuſpençaô dos Padres da Companhia : Por quanto faltando

lhe estes fora afroxando no propofito que
tinha feito nos Exercicios, de frequentar
cada oito dias os Sacramentos, e se pre-
cipitara convindo com seu marido na
execuçaõ do seu defatino; mas que estava
no Purgatorio aliviada das penas com os
sufragios que elle declarante por ella havia
feito.

E sendo o Reo de novo admoestado e advertido para que depozesse a hypocresia e
deyxasse embustes; por quanto as suas revelaçoens naõ mereciaõ ser acreditadas por serem falsas, fingidas e oppostas a todas as regras
da vida mystica, dizendose-lhe que elle
Reo imitava aos hipocritas cheyos de soberba, faltos de charidade, e despidos de
humildade, pois estava injuriando athe ao
foberano, que era ainda vivo com confolaçió
dos seus fieis vassalos, e que tambem estava
violando os preceitos da Ley de Deos com
a ira comque rompia contra o mesmo Rey, e
contra as pessoas que reputava perseguido-
res da sua Relligiaõ, devendo advertir no
que diz o Apostollo que na Epistola ad Ro-
manos manda dizer bem de quem na reali-
dáde nos persegue; *Benedicite persequenti-
bus vos, benedicite & nolite maledicere*, e lem-
brandose-lhe juntamente que devia ter se-
guido o Caminho dos sagrados Apostollos,
os quaes na promulgaçaõ do Evangelho

naó procuravaó os bens temporaes nem
as eſtimaçoens do mundo.

Reſpondeu que tinha declarado a verdade como entendia , e que ſe outra couza havia obrado a terra o ſobverteſſe , e que do
lugar em que eſtava cahiſſe no inferno; que
ſe eraó illuſoens , as deteſtava reconhecen-
do ſer miſeravel peccador , mas que receava
que com as verdadeiras viſoens ſe miſtu-
raſſem illuſoens ; porque com o tempo tinha conhecido , que o demonio transfigura-
do em Anjo de luz miſturara varios enganos,
e que de certo tempo para·cá , ſendo elle
declarante levantadb á contemplacaó paſſi-
va , diſtinguia melhor as verdadeiras viſoens
das falſas.

Que os Apoſtollos naó fizeraó fundaçoens, mas que arrecadavaó eſmollas para
ſuſtento dos diſcipulos, e dos pobres e que
elle fundava ſeminarios com muitas joyas
e eſmollas que adquiria , tanto aſſim que
na *Bahia* e no ſertaó importara a primera
parcella adquirida doze mil cruzados pouco mais on menos , com os quaes ſe com-
prara hum palacio, e que depois fora ad-
quirindo o mais neceſſario para a fundaçaó.

Que no *Camuta* tinha adquirido oitenta
eſcrav s e muitas terras , mas que eſta fundaçaó he fora embaraçada pelo Governa-
dor , querendo que elle declarante aſinaſſe

numero dos alumnos, e que os seus Padres deſſem conta ſe os aceytavaõ e ſuſtentavaõ no que elle reo naõ quiſera convir. E que a fundaçaõ de Setuval ſe hia fazendo com o producto das muitas joyas que mandara vender, depois do faleſcimento da Sereniſſima Senhora Rainha Mãy, o que tudo ſe depoſitava na, maõ dos Procuradores com licença dos Prelados.

Depois do que, pedindo o Reo audiencia diſſe : que vinha movido *ab alto* declarar que eſcrevera a vida de ſanta Anna, ou continuara a ſua eſcripta precedendo conſelho do ſeu Confeſſor, e Companheiro, o qual capacitado de que Deos lhe falava, naõ ſó conſentira que eſcreveſſe, mas ſe ſugeitava a eſcrever, conſultando primeiro alguns homens doutos da ſua meſma Religiaõ, que aſſentaraõ ſe deviaõ moderar alguns termos excedentes ao reſpeito da mageſtade.

Ex quibus omnibus relatis lhe parecia que ſe colhia *evidenter* naõ ſer hypocrita, que pertendeſſe louvores humanos, quando procurava ſervir a Deos *in ſpiritu & veritate*, e que ſe elle declarante ſe tinha defendido no Tribunal da Inquiſiçaõ, era pelo obrigaçaõ de deſagravar a ſua Religiaõ, a quem Maria ſanctiſſima ha de proteger e augmentar, como lhe havia revelado dizendo-lhe eſtas palavras, *inimici erimus inimicis ejus :*

em hua ocaſiaõ emque no ſeu carcere lhe declarou que ſuſpenderia os caſtigos , e proſperaria eſte reyno ſe a caza Real tomaſſe os Exercicios , que elle Reo coſtumava dar, e que nada mais dizia dos favores que Deos lhe fas por ſe lembrar das palavras , *ſacramenta Regis abſcondere bonum eſt.*

E por quanto o meſmo Reo ainda continuava com os ſeus fingimentos, ſem querer dar ouvidos ao que ſe lhe dizia para ſeu remedio , foy advertido da temeridade com que pretendia ſe acreditaſſe a narraçaõ dos ſeus milagres , viſoens, e revelaçoens ſem ſe lembrar das palavras aſima referidas do Evangelho no cap. 7º de S. Matheos, nem da recomendaçaõ do Evangeliſta S. Joaõ na Ep. 1, chap. 3º. *Chariſſimi, nolite omni ſpiritui credere, ſed probate ſpiritus ſi ex Deo ſunt :* e iſto ao meſmo tempo em que elle Reo ſó confeſſava virtudes, rompia em ira , e faltava á verdade, ſem conſiderar nas mais palavras da meſma Ep. do Evangeliſta que diz aſſim : *Qui diligit fratrem ſuum in lumine manet & ſcandalum in eo non eſt... Qui dicit in lumine eſſe & fratrem ſuum odit , in tenebris eſt uſque adhuc, qui autem odit fratrem ſuum in tenebris eſt , & in tenebris ambulat , & neſcit quo eat , quia tenebræ obſcuraverunt oculos ejus :* Os quaes lugares da Eſcriptura ſe lhe referiraõ e citaraõ.

E por quanto o Reo continuou em dizer
que as suas revelaçoens e prophecias provinhaõ de spirito bom, e que se naõ encontravaõ com a escriptura; que o seo odio
era sancto e bem ordenado, e que o Spirito
Sancto advertia a os Principes com as palavras seguintes: *Omnes tyranni ejus ridiculi
coram eo : potentes potenter tormenta patientur.* Inculcando-se Propheta para que se re-
meſsem as suas prophecias, lhe foraõ tambem
citadas as palavras no cap. 18 do Deuthe-
ronomio; *Quod in nomine Domini Propheta
ille prædixerit & non evenerit , hoc Dominus
non est locutus , sed per tumorem animi sui
Propheta confixit , & idcirco non timebis eum;*
ao que respondeu, que hum tempo se tomava por outro tempo.

De pois do qué, continuando-se com as
admoestaçoens ao Reo, continuou tambem
elle com a sua obstinaçaõ, e explicando o
seu sentimento a respeito do Purgatorio,
diſse que a Igreja nos manda crer que ha
Inferno, Purgatorio, Limbo paraque vaõ
os meninos naõ baptizados, eo Seyo de
Abraham no qual estiveraõ as almas dos santos Padres, mas que naõ explica a Igreja as
particularidades destes lugares, as quaes
Deos S. noſso lhe havia a elle declarado;
e que entre outras doutrinas novas, lhe
tinha revelado que havia no Purgatorio hum

lugar em que se depositavaõ as almas em
quanto se lhe naõ dava noticia da final
sentença.

E se queixou de se lhe referirem alguns
lugares da escriptura, que falaõ dos falsos
prophetas, e dos hypocritas dizendo o Reo
que Jesus-Christo sofrera similhantes injurias; mas sendo arguido de naõ observar os
preceitos de J. C. nem seguir a doutrina do
Apostolo S. Pedro na Ep. 1ª cap. 2. *Omnes honorate, fraternitatem diligite, Deum
timete, Regem honorificate, &c.* antes ter
procurado o interesse do mundo, sem advertir que poderiaõ lembrar para naõ o acreditarem as palavras que se lhe citaraõ do
Evangelho no cap. 7, de S. Joaõ.

Respondeu que sempre procurara unicamente a gloria de Christo, e que com esse
fim escrevera os livros ou papeis de que
tinha dado noticia.

E com estas e outras similhantes respostas continuou o Reo a defender por verdadeiras as suas revelaçoens, prophecias e proposiçoens, dando ocasiaõ a ser de nouo advertido e admoestado, para que se lembrasse
do grande favor que Deos lhe tinha feito,
em lhe conservar a vida e lhe dar mais
tempo para o arependimento de seus enor-
mes peccados : Do que resultou pedir o
mesmo a razaõ com que se lhe chamava se-
pulchro

pulchro dealvado com as palavras do Evangelho cap. 23, S. Math. afentando que fe
nao podia faber o que tinha no coraçaõ ou
nofeu interior. E dandofe-lhe em refpofta
que ainda prefcindido da prova da juſticia,
havia contra elle reo no Santo Officio baftante fundamento, por quanto o mefmo Evangeliſta S. Matheos no cap. 15 efcrevera eftas palavras: *Quæ autem procedunt de ore*,
de corde exeunt & ea coinquinant hominem,
de corde enim exeunt cogitationes malæ, ho-
micidia, adulteria, fornicationes, furta,
falfa teftimonia, blafphemia, &c.

Diſſe que fizera as declaraçoens que
conſtavaõ do feu proceſſo porque jurava dizer verdade, e no cafo em que diceſſe outra
couza teria mentido *in Spiritum Sanctum*,
e pelo que refpeitava ao texto do Evangeliſta, refpondia que todo o mal fe achava
nelle declarante, mas que todo eſte mal
era interno: e hua couza era que as mal-
dades *exeant ex corde & maneant in ipfo*
corde, o que era baftante *ad inquinandam*
animam, e outra couza era que *exeant ex*
corde in opus externum e que foſſem vizi-
veis a os homens para ferem caftigados.

E por quanto na meza do Sancto Officio
havia neſte tempo informaçaõ, que o Reo
nos carceres da Inquifiçaõ parecendo-lhe naõ
fer viſto por ferem horas de defcanço fe fa-

G

tigava com movimentos deshonestos é torpes, é com outras acçoens com que escandalizava a o seu proximo que pedia remedio para a rûina espiritual que lhe causava a companhia do mesmo Reo, foi outra vez admoestado para que deixasse os seus fingimentos, e cuydasse em por termo ás culpas comque corria precipitadamente para o inferno e advertindose-lhe que o demonio o pertendia arruinar de todo.

Respondeu que o demonio o havia tentado em todo o genero de culpas, pertendendo dormir com elle em figura de mulher, porém haveria dois mezes deixará de o tentar em materias do sexto preceito do Decalogo; e que algûas vezes com movimentos que Deos permetia, tinha elle Reo sentido o principio daquelles effeytos naturaes; que costuma haver nas ocasioens de similhantes movimentos, quando são voluntarios e encaminhados ao complemento de torpeza.

Nestes termos pedindo o Reo audiencia, disse que vinha desfazer a prezumçaó que havia contra elle; por quanto nunca fizera couza alguma em toda a sua vida para ser louvado dos homens e reputado por santo, antes sempro seguira o conselho de Christo, o qual nos recomenda que nunca façamos boas obras para sermos louvados, e

que tanto quanto tinha del bem obrava
sempre para agradar a Deos, e assim de novo o jurava com juramento assertorio e execratorio: Que naõ sabia como se lhe tinhaõ
posto tantos argumentos de cousas que nunca fez nem cogitou. E que naõ era vero-
simil que quem cometesse similhantes culpas,
buscasse hum genero de vida como elle declarante havia buscado pela converçaõ das
almas submergidas com tantas barbarida-
des em continuo perigo, alem das vezes
que foi flexado e despido para o matarem,
sendo tambem condenado outras vezes a
ser decapitado, dos quães perigos o mandara Deos avizar, estando elle declarante dor-
miindo, com estas formaes palavras: *Surge,
commenda te Deo, nescis enim quanto in periculo versaris!* afirmando e jurando que se
acaso falsamente dizia isto, a terra se abrisse e o tragasse o inferno, e que este juramento repetia a respeito do mais que no
Santo Officio tinha declarado.

Dise mais que era Theologo e tinha lido
na sua Religiaõ e que era Missionario Apo-
stolico, e que tinha estudado algũa couza da
vida mystica, e que por isto afirmara que as
couzas que havia declarado provinhaõ de espirito bom, ainda que confessava se mistu-
rava algũa vez o demonio com as suas illu-
zoens e tambem o proprio espirito.

G ij

E sendo-lhe dito queos frutos do espirito bom saõ charidade paz, paciencia, continentia, mansidaõ e os mais que dis o Apostolo no cap. 5º. ad Galatas, no qual cap. da mesma Epistola tambem declara o Apostolo quaes saõ os fructos da carne como elle Reo podia ver das palavras que se lhe citaraõ, e que estes fructos e obras da carne em si mesmo se achavaõ, como se lhe tinha mostrado nos exames, e se lhe havia dito no tempo e ocasioens em que se lhe fizeraõ as admoestaçoens, de que se devia lembrar para se naõ hir precipitando.

Respondeu que confessava estar cheyo de vicios como se lhe dava a entender, e que por isto dizia com S. Paulo : *Christus venit in mundum ut redimeret peccatores , quorum primus ego sum , sed idcirco elegit me Dominus ut ostenderet in me omnes divitias misericordiæ & patientiæ suæ.*

E assim declarava que Maria sanctissima na mesma manhân o absolvera, *per locutionem sensibilem* , repetindo tres vezes as palavras : *Filius meus:* dizendo-lhe que estivesse socegado na sua turbaçaõ, por quanto nem ella nem seu filho haviaõ de permettir ao demonio, que fingisse hum Sacramento de tanto porte, e que a mesma repetiçaõ de palavras na forma da absolviçaõ se fazia, depois que elle Inquisidor lhe disse que

procediaõ de engano do demonio aquellas
couzas de que elle declarante tinha dado
conta.

E sendo recomendado ao Reo que naõ
desse credito a taes locuçoens e vozes, se
acaso as ouvia, porque eraõ vozes do demonio a quem devia resistir firmando-se na
fé como recomendava o Principe dos Apostolos, no cap. 5º. da sua Epistola I.

Respondeu que sempre procurava seguir
a S. Pedro ea S. Paulo, e que se S. Pedro dizia as palavras que se lhe tiravaõ, de S. Paulo
eraõ as seguintes, *Prophetias nolite contemnere*, &c. e que fazia quanto lhe era possivel para levar com paciencia e alegria ós
trabalhos que o Senhor era servido perme-
tir-lhe ea sua Relligiaõ. E assim hia continuando o Reo no caminho para o abysmo
a que o conduziaõ o Mundo, Diabo, e a carne, e sem querer dar ouvidos ás verdades.
Por quanto dandose-lhe noticia que as suas
obras tinhaõ sido vistas por homens doutos,
ainda na Theologia mystica, e que continhaõ
muitos erros e encontros, proposiçoens mal
soantes, temerarias, escandalosas, e muitas hereticas, oppostas a os lugares da sagra-
da Escriptura, termos em que, naõ podiaõ
proceder de Espirito bom as revelaçoens que
afirmava nas mesmas obras.

Respondeu que as ditas obras eraõ di-

vinas , *quo ad substantiam* , e que somente
continhaó alguns erros naó substanciaes ,
que certo seu companheiro havia emendado
em huma copia que tirou , e escondeu , ou
mandou para fora da prizaó em que ambos
estiveraó ; e que nestes erros tinha elle declarante cahido com a pressa com que se lhe
dictava , e por naó pedir como devia mais
luz ou maior clareza.

Que as proposiçoens porque era exami-
nado e arguido naó mereciaó a censura que
se lhe dava , e que os argumentos que se op-
punhaó á verdade das suas revelaçoens e ás
mesmas proposiçoens eraó humas settas de
palha. Por quanto sufficientemente respon-
dia a os lugares da Escriptura, entendendo os
na forma da doutrina que *ab alto* se lhe tinha
dado ; mas com tudo se acaso alguma dellas
fosse julgada heretica, que se retractava como
ja tinha dito na meza do Santo Officio, aon-
de pedia que lhe abreviassem a sua causa , e
o castigassem como quizessem , advertindo
porém que se procuravaó reo era elle , mas
se queriaó delinquente naó o haviaó de
achar ; porque algumas das ditas proposiçoens nada continhaó contra a fé , e outras
se deviaó entender *in sensu tropologico* á imi-
taçaó do que Deos havia dito : *Pænitet me
fecisse hominem : Fractus sum dolore cordis :*
e Christo tinha chamado a S. Pedro Satanas ;

*Vade retrò , Satanas , scandalum enim
es mihi ,* e mais que em Deos naõ cabia
arependimento , nem S. Pedro era demonio , e muito menos o principe dos demonios.

Diſſe mais o Reo que eſcrevera que a virtude ſe pegava com mais facilidade do que
o vicio , porque iſto meſmo enſinava o Eſpirito Santo nas palavras : *Cum Sanĉto ſanĉtus
eris :* por naõ correrem perigo os Santos
que tem todas as virtudes *in ſtatu heroico ,*
tanto aſſim que cometendo-ſe hum aĉto car-
nal contra o ſexto preceito do Decalogo
diante de hum varaõ de quem ſe faça Juizo
que he ſanto , ſó ha obrigaçaõ de declarar o
peccado do ſexto ſem ſe dizer que fora cometido diante de alguma peſſoa , porque naõ
havia eſcandalo , ou ruina do proximo ,
a qual coſtuma haver quando a culpa ſe co-
mete diante de peſſoas ordinarias.

Que as palavras que na ſua obra attribu-
iaõ a Deos mais do que huma Mageſtade ,
e huma natureza ſe haviaõ tomar *in ſano
ſenſu ,* e naõ *materialiter ,* razaõ porque ſe
devia entender que falavaõ de Chriſto Senhor noſſo, cuja alma ſe apartara do corpo depois da morte , ficando a elle unida a divin-
dade , a qual tambem podia unir-ſe a huma
gota de ſangue de coraçaõ da Senhora no
tempo da Incarnaçaõ do Verbo , ſem que a
G iv.

alma estivesse unida ao mesmo corpo, com
o que explicava o seu sentimento a respeito
de algumas das suas proposiçoens. E que dizia que o texto de Salomaõ que fala da mulher forte o applicaõ alguns a nossa Senhora,
outros á Igreja, e que elle declarante o
applicava a sancta Anna por lhe ser revelado, e juntamente se lhe dizer que a mesma
sancta rogava a favor dos coros Angelicos,
e rompia em desejosos afectos por ver a
bondade infinita de Deos, e o seu merecimento, e lhe parecer pouco aquella grande
gloria que elles lhe davaõ, mas que se em
alguma couza offendia a fé, se sugeitava ao
Santo Officio solmente no exterior, em quanto para se retractar, se lhe naõ desse razaõ
que lhe parecesse melhor que aquellas quo
ouvia *ab alto* quando se lhe explicava o Apocalypse, dando-se intelligencia melhor do
que todas as que trazem os comentadores
do mesmo Apocalypse, concluindo que naõ
estava obrigado a declarar o seu animo, porque a Igreja naõ julgava *de internis*, nem
o podia obrigar a dizer se fizera as suas
obras para ser louvado dos homens ou para
outro fim.

Declarou mais que a proposiçaõ ou doutrina da sua obra, na qual dizia que das almas
que chegavaõ ao estado da contemplaçaõ
passiva ou contemplaçaõ apta se despedem

ós demonios e faõ entaõ tentadas pelos Anjos, naõ era oppofta á fé, por quanto fe prova
pelas mefmas Efcripturas na palavras do
Efpirito Sancto : *tentat vos Dominus utrum
diligatis an non*, e em outro lugar : *tentabit
eos Dominus & probabit eos* : mas que fé
accafo efta expreffaõ parecéffe má, eftava
prompto para a moderar e reformar. E que
aquelles effeitos que tinha declarado a refpeito dos movimentos ja referidos, lhe cau-
faraõ no principio huma grande afliçaõ por
lhe parecer procediaõ do Demonio, porém
que lhe fora dito *ab alto*, que naõ havia peccado por ferem effeito natural da agitaçaõ
em que naõ tivera parte, e que com ella me-
recera tanto como na oraçaõ. E fendo-lhe
dito que os textos que allegava naõ fe deviaõ tomar no fentido em que elle Reo os
tomava, por quanto Deos Senhor noffo nos
prova por fimilhantes meyos ainda que per-
mite que o Demonio nos tente, ao qual devemos refiftir, e fe lhe lembraraõ as palavras da Epiftola de S. Tiago, no cap. 1.º
*Nemo cùm tentatur, dicat, quoniam à Deo
tentatur : Deus enim intentator malorum eft :
ipfe enim neminem tentat, unufquifque verò
tentatur à concupifcentia fua.*

Refpondeu, que a alma de que fala he
aquella a quem parece qualquer couzita huma couza muito grande, e que fe tiraffem

da fua obra as palavras de obfcenidades e
deshoneftidades, fe acazo naó pareciaó bem;
mas que as fuas revelaçoens eraó fimilhantes ás que tiveraó muitas almas fanctas, e
que naó havia razaó para humas fe approva-
rem pela Igreja e outras naó, principalmente tendo elle declarante deixado pay e máy,
e obfervado os mandamentos da Ley de
Deos, e os da fua Igreja, lançando-fe a tantos mares; o que declarava, e as boas obras
que fizera por fer affim precifo para conver-
ter os peccadores, os quaes naó fe conver-
tem, quando naó fazem bom conceito do
Miffionario, e nifto que obfervava o man-
dato do Senhor nas palavras do Evangelho:
*Luceat lux veftra coram hominibus, ut vi-
deant opera veftra bona, & glorificent Patrem veftrum qui in cœlis eft*, com as quaes
palavras refpondia a outras, que fe lhe refe-
riraó no cap. 17. de S. Lucas, e faó as feguintes: *Cùm feceritis omnia quæ præcepta
funt vobis, dicite: Servi inutiles fumus, quod
debuimus facere, fecimus.*

Diffe mais, que athe ao tempo da fua revelaçaó tivera para fi que a Virgem Maria
Senhora noffa concebera no feu facratiffimo
ventre o Verbo Divino, fendo ja defpofada
com S. Jozé, mas que depois lhe fora revelado o contrario a ifto, e affentara, que a
encarnaçaó do Verbo fora anterior aos def-

poſorios, e que as palavras do Evangelho, no cap. 1. de S. Matheus naó impugnavaõ mas favoreciaó o ſeu ſentimento, e nova doutrina. E ſendo-lhe citadas as palavras do Evangelho no cap. 1. de S. Lucas : *Miſſus eſt Angelus Gabriel à Deo in civitatem . . . . cui nomen Nazareth ad Virginem deſponſatam viro , cui nomen erat Joſeph de domo David , & nomen Virginis Maria.*

Reſpondeu , que Maria ſanctiſſima concebera depois da Embayxada Angelica , mas que naó era a meſma Embayxada *numero* , de que fala S. Lucas ; por quanto noſſa Senhora lhe tinha dito que antes da dita Embayxada foraó vinte as que tivera , o que confirmou o meſmo Reo com o ſeu coſtumado juramento execratorio de que ſe naó podia fazer abſter. E por ſe lhe dizer que naó deſſe credito a doutrinas novas , lembrando-ſe das palavras do Apoſtolo na Epiſtola ad Hebreos , cap. 13. *Doctrinis variis , & peregrinis nolite abduci.* Tornou a reſponder , que tambem Chriſto Senhor noſſo dizia o ſeguinte, *Multa habeo vobis dicere , quæ non poteſtis portare modò.*

Declarou mais , que noſſa Senhora aſſiſtia em Jeruſalém no tempo em que Chriſto Senhor noſſo tinha deixado a ſua Companhia , e fora achado no templo. E ſendo-lhe referidas as palavras do Evangelho no *Cap.*

2 *de S. Mátheos* ; diſſe que Jeruſalem ſó entende pela cidade, e ſeus arrabaldes e termo, aſſim como Lisboa comprehende toda a ſua circumferencia. Que os Evangeliſtas excluem ter morado a Senhora em Jeruſalem por algum tempo, ſem embargo de que naõ tinha elle declarante duvida ſe reformaſſe na ſua obra o menos acertado, ainda que as ſuas revelaçoens em nada ſe encontravaõ, com o Evangelho ; por quanto naõ era impoſſivel eſtar Chriſto no templo com os Doutores, e juntamente aſſiſtindo á morte de ſancta Anna;e que aſſim como os Doutores eſtavaõ variando entre ſi, tambem elle declarante podia variar, e enterpretar os lugares da Eſcriptura por ſer Theologo.

E por quanto naõ aproveitavaõ ao Reo as diligencias com que ſe procurava o ſeu arrependimento, antes cada vez mais ſe obſtinava com a grande ſoberba de que eſtáva poſſuido, foi reprehendido do grande conceito que fazia de ſi, e da ſua virtude e da ſua ſciencia e litteratura, e ſe lhe lembraraõ as palavras do Cap. 10 dos Proverbios : *Sapientes abſcondunt ſcientiam , os autem ſtulti conſuſioni proximum eſt ,* concluindo-ſe eſta admoeſtaçaõ com as palavras do Apoſtolo S. Judas : *Væ illis , quia in via Cain abierunt , & errore Balaan mercede eſſuſi ſunt..... hi ſunt... nú-*

bes sine aquâ , quæ à ventis circumferuntur...
fluctus maris despumantes suas confusiones ,
&c.

Ao que respondeù, que podia allegar outros muitos textos oppostos áquelles que se lhe apontavaó; e que naó era razaó dar-se por convencido sem dizer o que Christo tinha dito de S. Pedro, nem tambem o que dissera dos Judeos e Phariseos, mas que havia tempo de falar, e tempo de calar o que Deos lhe tinha ordenado.

Depois do que sendo o Reo chamado, ouvido, e admoestado; disse, que na sua intelligencia eraó as revelaçoens de que havia dado conta conformes as regras da vida mystica afirmando que ainda que fossem contra o sentir dos Catholicos naó era contra o sentir da Igreja: E que antes de entrar a escrever da vida do Antichristo tivera para si, que havia de ser hum só fundando-se nas Escripturas, e no comum sentir dos sanctos Padres, que nos ensinaó serem vivos Elias, e Henoc, e alguns, que tambem S. Joaó Evangelista para virem no fim do mundo defender a sancta Fé , e pelejar contra o mesmo Antichristo ; mas que depois da revelaçaó tinha assentado que haó de ser tres.

Por quanto naó he possivel que hum só sujeite e arruine o mundo todo, razaó por

qüe tinha por fem duvida, que hum ha de
principiar o Imperio, outro o dilatará, e
que outro ha de fazer as horrendas ruinas,
que conſtaõ das mefmas Eſcripturas e do
Apocalypſe, ao qual os ſanctos Padres naõ
davaõ conveniente intelligencia, ou tam
boa como a ſua. E ſendo-lhe lembradas as
palavras com que S. Paulo na Epiſtola ad
Galatas cap. 1. manda anathematiſar, aos
que dizem o contrario do que conſta das
Eſcripturas, e enſina a meſma Igreja: Reſpondeu, que em bom ſentido e moral
bem ſe póde dizer, que hum ſó ha de ſer o
Antichriſto; por que o filho e o neto haõ de
obrar em virtude do primeiro, e como ſeus
inſtrumentos; porém que na realidade haõ
de ſer tres os Antichriſtos.

Diſſe mais, que ainda, que elle declarante havia largado a Patria pelo amor de
Deos, naõ lhe perdera o affecto natural, e
naõ tendo conveniencia alguma em a infa-
mar fazendo-a Patria de hum monſtro tal
como o Antichriſto flagello de todo o mundo; naõ podia aſſentar que o que tinha eſcri-
to lhe naõ foſſe revelado *ab alto* aſignando
ſé-lhe por patria daquelle monſtro a cidade
de Milaõ, e as qualidades da Máy que conſtavaõ da ſua obra, na qual ſomente ſe achavaõ alguns erros a reſpeito dos annos, naſ-
cidos da precipitaçaõ na eſcripta.

E que a Igreja prohibia a de terminaçaõ de couzas taõ ocultas sendo feita por nosso proprio arbitrio, o que naõ prohibia quando nos vinhaõ comendadas por Deos, como succedia com elle declarante, a quem se havia dado huma grande noticia do Apocalypse necessaria para a fabrica e composiçaõ da sua obra.

É outro sim disse, que ainda que fosse hypocrita cheio de vicios e fingisse virtudes, como se lhe tinha dito, era esta impropria hypocrisia muito propria ao seu estado de Missionario.

Estas e outras respostas, muitas dellas injuriosas ao estado religioso principalmente es comunidades, ás pessoas de sexo feminino hia dando o Reo aos exames que lhe foraõ feitos á respeito da materia das suas obras, e das proposiçoens, que escreveu e proferia.

E por se naõ querer retractar foi mandado estar com varoens doutos com quem pudesse communicar a materia de seus escriptos, e revelaçoens para tirar o verdadeiro dezengano. Do que naõ resultou o bom effeito, que se desejava, antes naõ quetendo retractar-se passou a proferir que para se evitar algum mal grave ao proximo, ou fazer-lhe algum grande bem, era licito mentir, e que havia hum lugar medio entre o

ceo e o inferno para onde vaõ os adultos da
barbaridade quaes saõ áquelles Americanos
que comem Gente nas terras por onde elle
declarante andára, por naõ ser possivel que
Deos Senhor nosso condenasse ao fogo eterno do inferno aquelles mesmos barbaros,
que naõ tinhaõ conhecimento, ou perfeito
lume da razaõ.

Affirmou mais que naõ querendo elle Reo
a absolviçaõ de Maria sanctissima, por lhe
dizerem os Padres, com quem havia estado, que aquellas couzas eraõ diabolicas,
viera Jesus-Christo absolvelo com estas formaes palavras: *Ego Dominus Deus tuus qui
creavi te, & redemi te in sanguine meo te absolvo ab omnibus peccatis tuis, & panis in
nomine Patris, & Filii, & Spiritûs Sancti;*
para effeito de dezenganar aos Padres, e tirar a duvida a respeito da absolviçaõ dada
pela Senhora com o poder que tinha naõ só
delegado, mas ordinario, e muito mayor
que o do Papa.

Evendo-se a obstinaçaõ do Reo o qual na
virtude e na sciencia se considerava muito
superior a todos á similhança dos Phariseos
sem querer reflectir noque se lhe dizia para
seu remedio, nem considerar como devia
nas palavras de Jesus-Christo, que se lhe
referiraõ; se procedeu a intelligencias a respeito da sua capacidade perguntandose testemunhas

munhas *ex officio*: e por ellas cõftou naõ
padecer lefaõ no juizo , e que tinha a capacidade que moftrava nas refpoftas que hia
dando na Meza do Sancto Officio ás per-
guntas e repetidos exames que fe lhe fizeraõ.

Pelo que o Promotor Fifcal do Sancto
Officio vehio contra elle com libello crimi-
nal accufatorio , que lhe foi recebido *fi &*
in quantum , e o Reo o conteftou pela materia das fuas declaraçoens , e naõ vindo
com defeza , della foi lançado ; mas por
dizer por feu procurador , que já naõ tinha
por verdadeiras as fuas revelaçoens , e prophecias , e que fe retractava por que queria
eftar pelo que determinaõ as fagradas Efcripturas , os Decretos da Sancta Sé Apof-
tolica , e pelo que declaraffe o Sancto Officio confeffando que por illufo , e tentaçaõ
do Demonio , ou por ignorancia as tivera
por verdadeiras , foi chamado á meza.

E fendo perguntado pela materia da fua
retractaçaõ para fe averiguar fe era feita
com finceridade.

Refpondeu que affentava ferem catholi-
cas as fuas propofiçoens , das quaes fe re-
tractara por lhe dizer o feu letrado , que
eftavaõ julgadas , e reconhecidas por hereticas , o que ainda fazia no cazo em que ifto
affim foffe , ou fe lhe moftrando que tinhaõ

H

esta qualidade, o que athe entaõ se naõ havia feito, concluindo, que ao muito só devia ser julgado hereje material sem culpa sua. Por quanto com penitencia e braçaõ fizera as diligencias, que Deos e a sua Igreja mandaõ para se conseguir a luz, que o mesmo Deos se obrigou a dar na Canonica de S. Tiago : *Si quis indiget sapientiâ postulet à me , & dabo ei affluenter* : e que naõ tirara ainda o dezengano de que eraõ falsas.

Nestes termos, ratificadas e repetidas as testemunhas da justiça, se lhe fez publicaçaõ de seus ditos na forma de direito, e estilo do Sancto Officio, a que naõ vehio com contraditas, e dellas foi lançado.

E para que o Reo se arependesse, e merecesse ser recebido ao gremio e uniaõ da Sancta Madre Igreja, e naõ perdesse a sua alma morrendo com os erros, em que estava obstinado e indurecido; e com os maos habitos, que adquirio, dos quaes, e da sua malicia, procediaõ as acçoens lascivas, e as torpezas que comsigo mesmo praticava, como plenamente constou na Meza do Sancto Officio pelas testemunhas que requeria se perguntassem para sua abonaçaõ, e justificaçaõ dos actos de virtude que dizia exercitar : foi de novo mandado estar, e communicar com pessoas doutas, a cujas praticas, e conferencias se seguio pedir o mesmo Reo audiencia, e dizer que se retractava em obsequio ao Tribunal da Igreja com a veneraçaõ e respeito, que sempre lhe tivera, lembrando-se das palavras com que Deos Senhor nosso recommendara o respeito aos Ministros da Sinagoga : *Super Cathedram Moysis sederunt Scribæ & Pharisæi ; quæcumque dixerint vobis, facite.*

Depois do que tornando o Reo a pedir audiencia, disse que tinha feito diligencias com oraçoens e penitencias, e ainda com exorcismos, para expelir de si as locuçoens, revelaçoens, e visoens com que Deos o favorecia, por se lhe dizer na Meza do Sancto Officio que naõ eraõ procedidas do bom Espirito, e que se havia declarado, que no caso em que fossem do Demonio, o mesmo Deos o teria expellido com as ditas diligencias, mas como era Deos quem falava por isso mesmo continuava, e havia de continuar, para que elle declarante, e os Ministros da Inquisiçaõ assentassem que naõ tinha cometido culpa alguma, no que elle com effeito assentava, naõ podendo dar-se por convencido com os fundamentos dos Padres, e Theologos, com quem fora mandado conferir ; por quanto lhe tinhaõ dito que era blasphemia dizer que nossa Senhora o havia absolvido, e elle declа-

rante naõ devia eſtar pelo que lhe diziaõ
os Theologos a eſte reſpeito, por que ainda que os homens *in ſtatu præſentis Provi-*
dencia ſejaõ Miniſtros ordinarios do ſacra-
mento da Penitencia, e naõ foſſe feita a
outra peſſoa ſimilhante graça, naõ ſe ſeguia
que a elle declarante ſe naõ fizeſſe com
providencia extraordinaria, por ſer Deos,
Senhor noſſo independente na repartiçaõ dos
ſeus dons, e poder repartir com huns mais
do que com outros, como havia ſuccedido
com alguns Sanctos, que foraõ aos Apoſtolos deziguaes no merecimento : alem do
que conſtava das hiſtorias haverem os Anjos adminiſtrado o Sacramento da Eucha-
riſtia em algumas occaſioens, e por iſſo
que naõ havia razaõ para ſe duvidar, ou
abſolutamente negar, que Maria Sanctiſſi-
ma, e o meſmo Jeſus-Chtiſto o vieſſem a
elle declarante abſolver, como lhe differaõ
os Padres Theologos, negando abſolutamente a verdade da ſua fiel narraçaõ.

E que os fundamentos com que provava
ſer verdadeira abſolviçaõ, eraõ a ſua Pro-
fiſſaõ de Jeſuita e de Miſſionario Apoſtoli-
co; ter paſſado os mares repetidas vezes
pelo intereſſe unicamente da gloria de
Chriſto; ter entrado em cinco Naçoens das
mais barbaras que ha no mundo; ter cor-
rido evidente perigo de ſer morto, e comi-

do., afirmando o Reo, que naõ havia mayor fundamento para se acreditarem outros
servos de Deos, e naõ se dar credito a elle
no que dizia, e confirmava com juramento,
tendo tido mayores trabalhos no serviço do
mesmo Deos, e mayor graduaçaõ na sciencia, sem que fosse necessario recorrer-se a
milagres: com tudo porém declarava, que
no Forté, em que estivera prezo conhecera
o estado da consciencia de hum servente, a
quem fizera huma admoestaçaõ paterna, depois da qual lhe revelara Deos Senhor nosso,
que o mesmo servente havia feito huma con-
fissaõ valiosa, e por esta causa lhe dera elle
declarante hum abraço com alegria do bom
estado da sua alma a que o havia reduzido.

E sendo dito ao Reo, que a sua malicia,
e a sua soberba o tinhaõ reduzido ao estado
de desprezar todas as admoestaçoens, e mais
diligencias, que o Sancto Officio tinha procurado para a sua conversaõ: por quanto fazia de si hum tal conceito, que se julgava
na sciencia e na virtude a todos superior;
como que se hia cada vez mais indispondo
para vencer ao Demonio, que o procurava
arruinar; devendo advertir, que para lhe
aproveitarem as ditas diligencias, e conhecer a verdade que se lhe dizia, era preciso
fazer-se humilde, e com muita humildade
pedir a Deos senhor nosso lhe abrisse os ol-

hos; pois lhe faziaõ faber que brevemente
havia de fer vifta e julgada a fua caufa na
Meza do Sancto Officio, fegundo o feu
merecimento, como elle Reo tinha reque-
rido por muitas vezes; e que fe entaõ ti-
veffe defpacho contrario ao que efperava, a
fi mefmo tornaffe a culpa por fe naõ querer
fujeitar ao que fe lhe tinha dito em ordem
a falvaçaõ da fua alma. E depois de lhe ferem referidas e citadas as palavras de Jefus-
Chrifto, e o que o mefmo Chrifto diffe a
refpeito da oraçaõ do Pharifeo, e da oraçaõ
do Publicano, no cap. 18. de S. Lucas.
Refpondeu que antes de fe lhe fazer efta
admoeftaçaõ já elle declarante tinha ouvido aquillo que fe lhe queria dizer, e juñ-
tamente tinha ouvido eftas formaes palavras acrefcentadas á dita admoeftaçaõ: *Sed
ego cùm accepero tempus has jufticias judicabo; myfterium eft tua captivitas, myfterium eft tua accufatio, myfterium eft tua fo-
lutio:* Eque o certificara Deos noffo Senhor de haver permittido tudo ifto por al-
tiffimos fins do bem delle declarante, e
para fua humiliaçaõ, mortificaçaõ, e ac-
cumulamento de muitos merecimentos.

E naõ querendo o Reo depor a fua tenacidade, foberba, e fingimentos, com que
adquirio a boa opiniaõ ou fama de fanti-
dade, que pertendia confervar ainda de-

pois de conhecidos os fundamentos e falſa narraçaõ, ou embuſtes, ſobre que, era eſtabelecida, por lhe parecer que ſe havia de dar credito ao que dizia de ſi meſmo, e confirmava voluntariamente com os mais tremendos juramentos, chegando a proferir, ſem temor do caſtigo, que hum dos cravos da imagem de Jeſus-Chriſto ſe converteſſe em rayo, que o mataſſe, e o lançaſſe no inferno; e que ſabia por ſer Theologo, e Meſtre na ſua Religiaõ, quando eraõ licitos os juramentos; ſe proceſſou ſua cauza athe final concluſaõ.

E ſendo viſto na Meza do Sancto Officio o proceſſo do Reo, depois de ſer chamado, ouvido, e de novo admoeſtado, ſe aſſentou que o meſmo Reo pela prova da juſtiça, e ſuas proprias declaraçoens eſtava convencido no crime de hereſia, e de fingir revelaçoens, viſoens, e locuçoens, e outros eſpeciaes favores de Deos para ſer tido e reputado por Sancto; e como hereje de noſſa ſancta Fé Catholica, convicto, ficto, falſo, confitente, revogante, e profitente de varios erros hereticos, foi julgado e pronunciado.

De pois do que tendo o Reo conhecido, que as demoſtraçoens feſtivas que ouvira, eraõ os ſinaes com que os fieis vaſſallos Portuguezes davaõ moſtras do ſeu incom-

paravel contentamento, e alegria pelo be-
neficio da maõ de Deos, que lembran-
do-fe defte Reyno tinha dado nova defcen-
dencia aos feus Auguftiffimos Monarchas,
pedio audiencia, e continuando com os
feus coftumados fingimentos fe queixòu
outra vez de que na Meza do Sancto Officio fe naõ deffe credito ás fuas profecias e
revelaçoens, tratando-o como hereje e em-
bufteiro, fem fe advertir, que os fanctos
que tiveraõ revelaçoens verdadeiras, foraõ em algumas occafioens illufos, como
elle declarante, que confeffava o tinha fido
quando declarou que el Rey Senhor noffo
era falecido : E por entender o mefmo
Reo, que ainda fazia accreditar os ditos
fingimentos, e as fuas falfas profecias e
revelaçoens, chegou entaõ a dizer que fe
lhe havia revelado o feliz parto da Princeza
noffa Senhora, a quem o mefmo Deos concedera huma filha, para effeito de fe co-
hecer que os dous Sereniffimos Conjuges
naõ tinhaõ impedimento para dar á Caza
Real defte Reyno a fucceffaõ varonil que fe
defejava : e que fabia por meyo da revelaçaõ que haviaõ ainda de ter filhos varoens.

E para que o temor e medo da feveri-
dade e do rigor da juftiça pudeffe obrar no
Reo o que naõ obraraõ as admoeftaçoens,

a brandura, e as mais diligencias, com que o Sancto Officio o procurou reduzir ao verdadeiro Caminho da fua Salvaçaõ, fe lhe deu noticia do aſſento, que em feu proceſſo fe havia tomado: e permanecendo em fua obſtinaçaõ e contumacia, fem querer confeſſar e reconhecer fuas culpas, foi finalmente citado para hir ao Auto publico da Fé ouvir fua fentença, pela qual eſtava mandado relaxar á Juſtiça fecular: Neſtes termos pedindo o Reo audiencia do Cadafalſo naõ diſſe couza de novo, que fizeſſe alterar o aſſento que fe havia tomado.

O que tudo viſto com o mais que dos autos conſta, e diſpoſiçaõ de Direito em tal caſo, fendo examinada a qualidade das culpas do Reo com a conſideraçaõ que pedia a gravidade da materia; e como elle naõ quiz deixar a fua obſtinaçaõ, e fe conſervou athe agora na fua cegueira e impenitencia.

Chriſti Jeſu nomine invocato, declaraõ ao Reo o Padre Gabriel Malagrida por convicto no crime de herefia por affirmar, feguir, efcrever, e defender propoſiçoens, e doutrinas oppoſtas aos verdadeiros dogmas, e doutrina, que nos propoem e enſina a ſancta Madre Igreja de Roma, e que foi, e he herege de noſſa ſancta Fé Catholica; e como tal encorreu em fentença de

excomunhaõ mayor e nas mais penas em
direito contra fimilhantes eftabelecidas : e
como hereje , e inventor de novos erros
hereticos , convicto , ficto , falfo , confitente , revogante , pertinaz , e profitente
dos mefmos erros , mandaõ que feja de-
pofto e actualmente degradado de fuas ordens , fegundo a difpofiçaõ e forma dos
fagrados Canones , e relaxado depois com
mordaça , e Carocha , com rotulo de here-
fiarcha , à Juftiça fecular , a quem pedem
com muita inftancia fe haja com elle Reo
benigna , e piedofamente , e naõ proceda
a pena de morte ñem a effufaõ de fangue.

Luis Pedro de Brito Caldeira.
Jeronimo Rogado do Carvalhal
Silva. Joaquim Jansen Moller. Luiz
Barata de Lima.

E naõ diz mais a dita fentença , que fe
acha em os ditos Autos ; que fendo conclu-
fos á Relaçaõ , em elles fe proferio o
Acordaõ do teor feguinte.
Acordaõ em Relaçaõ , &c. Vifta a Sentença dos Inquifidores , Ordinario , e Deputados do Sancto Officio ; e como por ella
fe moftra fer o Reo Gabriel Malagrida ,
que foi Religiofo Sacerdote da Companhia denominada de Jefu , hereje de noffa

sancta Fé Catholica , e como tal relaxado
á Justiça secular , precedendo degradaçaõ
actual de suas Ordens publica , e juridica-
mente feita : E vista a disposiçaõ de direito , e Ordenaçaõ em tal caso , o condem-
naõ a que com baraço , e pregaõ seja levado
pelas ruas publicas desta cidade até a praça
do Rocio , e que nella morra morte natural de garrote , e que , depois de morto ,
seja seu corpo queimado , e reduzido á po ,
è cinza , para que delle , e de sua sepultura
naõ haja memoria alguma : E pague os autos.
Lisboa , vinte de Setembro de mil setecentos e sessenta e hum.

GAMA. CASTRO. LEMOS. XAVIER DA
SILVA. GIRALDES. SYABRA. CARVALHO.
SILVA FREIRE.

*E naõ se continha mais em a dita Sen-
tença da Relaçaõ , que se acha em os ditos
autos ; aos quaes em todo , e por todo me
reporto : e por virtude da mesma Sentença da
Relaçaõ se passou Pregaõ para se dar á
execuçaõ na pessoa do Reo a ditta Sentença
na forma , que nella se determina ; de que
para constar , se passou a presente , que
vai por mim sobscrita e assignada. Em Lisboa , aos vinte e quatro dias do mez de
Setembro de mil setecentos e sessenta e hum.
E eu....*